Mit den Landfrauen durchs Küchenjahr

Impressum

*LV·Buch
im Landwirtschaftsverlag GmbH, 48084 Münster*

© Landwirtschaftsverlag GmbH, Münster, 2013

Das Werk einschließlich aller seiner Teile ist urheberrechtlich geschützt. Jede Verwertung außerhalb der engen Grenzen des Urheberrechtsgesetzes ist ohne Zustimmung des Verlages unzulässig und strafbar. Das gilt insbesondere für Vervielfältigungen, Übersetzungen und die Einspeicherung und Verarbeitung in elektronischen Systemen.

Fotos:
Merle Cramer, Seiten: 10, 13, 14, 15, 17, 18, 20, 21, 24, 26, 28, 29, 30, 31, 33, 35, 41, 43, 44, 47, 48, 49, 50, 53, 60, 61, 64, 63, 65, 69, 74, 76, 77, 80, 79, 81, 82, 83, 85, 92, 93, 95, 96, 97, 98, 101, 108, 109, 110, 111, 113, 122, 124, 125, 126, 129, 127, 130, 133, 142, 145, 143, 146, 147, 149, 153, 155, 157, 158, 159, 161, 163, 164, 165, 167, 170, 171, 173, 174, 175, 176, 178, 181, 186, 188, 189, 190, 191, 193, 194

Annabel Padilla, Chantal Descazeaux, Johanna Kaufmann, Stéphanie Ellin, und Sylvie Ait-Ali, Seiten: 12, 27, 45, 59, 108, 141, 156, 172

Chantal Descazeaux, Johanna Kaufmann, Stéphanie Ellin, und Sylvie Ait-Ali, Seiten: 10, 11, 42, 58, 75, 90, 91, 99, 106, 107, 122, 138, 139, 154

Atelier Dagmar Ossig, Seiten: 16, 132

Sylvie Ait-Ali, Seiten: 19, 51, 66, 84, 114, 131, 148, 180, 195

Oevre Collective, Seiten: 51, 162

Dirk Vogel, Seiten: 26, 123

Schlag & Schmitz GmbH, Seiten: 36, 100, 117, 177

Nitschke Fotografen, Seiten: 37, 52, 67, 163

Detlef Güthenke, Seiten: 68, 94, 115, 156, 197

Christian Brinkrolf, Seiten: 105, 140, 153, 168

Heike Oltmanns/Petra Temmen, Seiten: 180, 196

Digitalstock, Seiten: Titel, 6, 8, 9, 22, 24, 25, 38, 40, 41, 54, 56, 57, 70, 72, 73, 86, 88, 89, 102, 104, 105, 118, 120, 121, 134, 136, 137, 150, 152, 169, 182, 184, 185

Lektorat und Redaktion:
Sabine Deing-Westphal, Rhede

Gestaltung:
Monika Wagenhäuser, LV·Buch

Druck:
Griebsch & Rochol Druck GmbH & Co. KG, Hamm

ISBN 978-3-7843-5263-3

Wir lieben das Landleben.

Leckere und frische Rezepte
für jeden Monat

Mit den Landfrauen durchs Küchenjahr

Vorwort

*Dieses Kochbuch ist Ihr perfekter **Küchenbegleiter** durch das ganze Jahr. Gehen Sie auf Entdeckungsreise, und blättern Sie. Sie bekommen Ideen und Anregungen, wie Sie durchs ganze Jahr fantasievoll das Angebot der saisonalen, regionalen Produkte und Zutaten vom heimischen Wochenmarkt oder aus dem eigenen Garten in einen abwechslungsreichen Küchenplan mit leckeren Gerichten umsetzen können. Dafür haben wir in diesem Buch für jeden Monat – von Januar bis Dezember – geeignete Rezepte zusammengestellt.*

*Die **Grundidee**, von der wir uns haben leiten lassen: Jahreszeitlich angebotene Produkte sind ideal, um sich gesund und vielfältig zu ernähren. Heimische Früchte z. B. sind natürlich gereift und enthalten mehr Aromastoffe als ihre „Kollegen", die per Flieger aus mehr oder weniger weit entfernten Ländern dieser Welt zu uns transportiert werden. Und damit Sie beispielsweise Früchte, die es nur im Sommer aus heimischem Anbau in hoher Qualität mit köstlichem Aroma zu ernten oder zu kaufen gibt, auch im Winter genießen können, gehören Rezepte für leckere Brotaufstriche mit in dieses Kochbuch.*

Saisonal kochen *heißt unser Motto. Was dem Obst recht ist, ist dem Gemüse nur billig. Für jeden Monat finden Sie folgerichtig auch für Gemüsesorten und Salate aus der Region je nach Saison das passende Rezept. Also „spargelt" es im Mai und Juni, während in Herbst und Winter Kürbis, Grünkohl & Co. das Rezeptangebot dominieren. Natürlich auch in Begleitung leckerer Braten. Ob Lamm, Rind, Geflügel oder Wild: Die Palette ist üppig und ausgewogen.*

*In den Rubriken **Suppen, Vorspeisen, Salate, Hauptgerichte, Desserts, Torten** und **Konfitüren** bzw. **Marmeladen** werden Sie fündig – das garantieren wir. Außerdem gibt es für jeden Monat zur Einstimmung ein kleines Porträt: So fällt es leicht, sich auf jede Jahreszeit zu freuen – u. a. auf alle Köstlichkeiten, die Frühling, Sommer, Herbst und Winter zu bieten haben.*

Wir wünschen Ihnen eine entspannende Lektüre, ein genussvolles Zubereiten der leckeren Rezepte und natürlich einen guten Appetit.

„Klirrt im Januar Eis und Schnee,
 gibt es zur Ernte viel Korn und Klee."

Januar

Curryzwiebelsuppe mit Lachs	10
Großmutters Kartoffelsuppe	10
Lauch-Kartoffel-Cremesuppe	11
Radicchiosalat mit Nussdressing	12
Rotkohlsalat mit Äpfeln	12
Schwäbischer Kartoffelsalat	13
Apfelschmorbraten	14
Burgunder Schinkenbraten mit Ananas	15
Lauchtorte	16
Linseneintopf „Klassisch"	17
Rindercurry mit Erdäpfeln	18
Zitronencreme „Chiboust"	19
Apfelsinen-Kokostorte	20
Kiwitorte	20
Ananas-Grapefruit-Konfitüre	21

Der besondere Küchentipp im Januar:

Rindercurry mit Erdäpfeln

Zitronencreme „Chiboust"

Monat der zwei Gesichter

Der Januar ist der Monat mit den zwei Gesichtern – benannt nach dem römischen Gott Janus, der laut Sage zwei Gesichter besaß. Ein Gesicht schaut in das vergangene alte Jahr, das andere ins neue. So ist der Christbaum abgeschmückt, alle Weihnachtsutensilien sind verstaut, und auch der „Neujahrskater" ist überwunden. Jetzt ist traditionsgemäß die Zeit für die allseits bekannten/beliebten guten Vorsätze gekommen. Sie sind individuell ganz verschieden. Sehr beliebt und immer wieder auf den vorderen Plätzen zu finden: Gesunde Ernährung, Vitamine „satt" und viel Bewegung an frischer, in diesem Monat naturgemäß kalter, winterlicher Luft.

Der Januar ist nämlich – zumindest in der nördlichen Hemisphäre – der kälteste Monat des Jahres. Meint man es mit dem guten Vorsatz von viel Bewegung in frischer Luft ernst, dann ist es unbedingt ratsam, für ein starkes Immunsystem zu sorgen. Gerade wenn es draußen frostig und unwirtlich ist, gilt es, die Abwehrkräfte zu stärken, die Energiespeicher (nach erschöpfender Schlemmerei und süßem Nichtstun an den Weihnachtsfeiertagen) wieder aufzufüllen und den Stoffwechsel ordentlich an-

Januar

zukurbeln. Da kommt das für den Januar typische reichhaltige Angebot an Zitrusfrüchten gerade recht: Ananas, Orangen und Grapefruits sind Vitamin-C-Lieferanten par excellence. Auch Äpfel und Birnen sind auf dem heimischen Wochenmarkt und in den Supermärkten in Hülle und Fülle zu haben. Mit anderen Worten: Die Vitamin-C-Zufuhr ist gesichert! Eine äußerst angenehme, wenn auch nicht gerade kalorienarme Strategie, sich die nötigen Vitamine einzuverleiben, ist der Genuss der Apfelsinen-Kokostorte oder der Kiwitorte von Seite 20. Wer nicht so gerne Torten isst (?), findet in einem gesunden Brotaufstrich wie der Ananas-Grapefruit-Konfitüre auf Seite 21 eine gute Alternative.

Nach einem Spaziergang in Sturm und Schnee ist es eine Wonne, sich mit köstlich duftenden, dampfend heißen Suppen wieder aufzuwärmen. Das tut dem Magen und der Seele gut. Großmutters Kartoffelsuppe oder die Curryzwiebelsuppe mit Lachs auf Seite 10 sind da zum Beispiel genau das Richtige.

Curryzwiebelsuppe mit Lachs

Gemüsezwiebeln schälen und klein würfeln. Butter in einem Topf erhitzen und die Zwiebelwürfel darin anschmoren (nicht braun werden lassen). Mit Currypulver und Mehl kurz anschwitzen und sofort mit Brühe, Weißwein bzw. Apfelsaft und Sahne ablöschen. Das Ganze zehn Minuten köcheln lassen.

Den Lachs in kleine Stückchen schneiden und vorsichtig in die Suppe geben. Geräucherter Lachs wird in feine Steifen geschnitten und in die Suppe gegeben. Noch einmal kurz ziehen lassen und mit Dill verfeinern.

Zutaten
für 4 Personen

2 große Gemüsezwiebeln
30 g Butter
3 TL Currypulver
2 EL Mehl
½ l Hühnerbrühe
125 ml Weißwein oder Apfelsaft
250 ml süße Sahne
1 Stück Lachs
Dill

! Wer keinen Lachs mag, kann auch Hähnchenfilet nehmen. Dieses muss allerdings vorher angebraten werden.

Großmutters Kartoffelsuppe

Kartoffeln schälen, waschen und würfeln. 1 EL Butter in einem Topf schmelzen und die Kartoffeln darin dünsten, dabei leicht salzen. Das Wasser zugießen, aufkochen lassen und bei mittlerer Hitze bei geschlossenem Deckel ca. 20 Minuten garen.

Die Zwiebeln abziehen, würfeln und in einer Pfanne in der restlichen Butter kross schmoren. Die Majoranblätter abzupfen und klein hacken.

Die Suppe pürieren und mit Salz und Pfeffer abschmecken. Dann den gehackten Majoran und die Zwiebelwürfel unterrühren. Servier-Variante: Die Suppe auf Tellern anrichten und mit Zwiebeln und Majoran garnieren.

Zutaten
für 6 Personen

350 g Kartoffeln (mehligkochend)
3 EL Butter
400 ml Wasser
2 Zweige Majoran
2 Zwiebeln
Salz, Pfeffer

! Wer es im Geschmack gern kräftiger mag, nimmt statt Wasser Gemüsefond. Statt Majoran schmeckt diese Kartoffelsuppe auch mit Oregano sehr gut.

Lauch-Kartoffel-Cremesuppe

Lauch gründlich putzen, waschen und in Ringe schneiden. Kartoffeln schälen, waschen und würfeln. Die Zwiebeln abziehen, klein schneiden und in Olivenöl bei schwacher Hitze anbräunen. Die Lauchringe und Kartoffelwürfel hinzufügen. Gut umrühren und das Gemüse weitere zehn Minuten mit anschwitzen.

Eineinhalb Liter Wasser dazugießen, den Brühwürfel zerbröseln, mit hineingeben und das Ganze ca. eine Stunde köcheln lassen. Abschließend die Suppe pürieren und mit Salz und Pfeffer würzen.

Zutaten
für 4 Personen

500 g Kartoffeln
3 Stangen Lauch
2 Zwiebeln
2 EL Olivenöl
1 Gemüse-
brühwürfel
Salz, Pfeffer
aus der Mühle

Radicchiosalat mit Nussdressing

Die äußeren Blätter von den Radicchios entfernen, dann die Radicchios waschen, trocken schütteln, in feine Streifen schneiden und in eine große Salatschüssel geben.

Den Brie klein würfeln, den Schinken in feine Streifen schneiden, die Schalotte und die Knoblauchzehe fein hacken und alles zum Radiccio in die Schüssel geben.

Für die Vinaigrette: In einer kleinen Schüssel Essig mit Sonnenblumen- und Nussöl verrühren, die Nüsse dazugeben und alles vermengen. Die Vinaigrette über den Salat geben, salzen, pfeffern und noch einmal vorsichtig umrühren.

Vor dem Servieren mit der Petersilie bestreuen.

Zutaten
für 4 Personen

6 kleine Radicchios
100 g Brie
2 Scheiben Serrano-Schinken
1 Schalotte
1 Knoblauchzehe
2 EL Sonnenblumenöl
2 EL Nussöl
2 EL Essig
50 g grob gehackte Nüsse
1 EL gehackte Petersilie
Pfeffer aus der Mühle
Fleur de Sel (oder handelsübliches Meersalz)

Rotkohlsalat mit Äpfeln

Die äußeren Blätter vom Rotkohl und den Strunk entfernen. Den verbliebenen Rotkohl gründlich waschen und in sehr feine Streifen schneiden.

Für die Vinaigrette mit einem Schneebesen in einer Schüssel Essig, einen Esslöffel Zitronensaft und Öl verrühren. Dann mit Salz und Pfeffer würzen.

Die Äpfel waschen und würfeln, die Nüsse grob hacken. Beides zusammen mit dem Rotkohl zur Vinaigrette geben. Das Ganze anschließend vorsichtig durchmengen und mindestens eine Stunde vor dem Servieren kalt stellen.

Zutaten
für 6 Personen

½ Rotkohl
2 Äpfel
½ Zitrone
40 g Nüsse
3 EL Nussöl
1 EL Essig aus frz. Cidre
Salz, Pfeffer

Schwäbischer Kartoffelsalat

Die Kartoffeln 1 Stunde vor dem Servieren des Kartoffelsalats in einen Topf mit stark gesalzenem kalten Wasser geben und gar kochen.

Die Brühe aufsetzen, Senf hinzugeben und einmal aufkochen lassen. Die Zwiebel fein würfeln.

Ca. 20 Minuten vor dem Verzehr des Salats die Kartoffeln (noch warm) pellen und in sehr feine Scheiben schneiden. Den Kartoffelscheiben sofort die Zwiebelwürfel und immer so viel Brühe zugeben, bis sich die Kartoffelscheiben vollgesogen haben. Würzen und mit Weißweinessig kurz durchziehen lassen. Zwischendurch den Salat wenden. Das Öl vorsichtig unter den Kartoffelsalat heben. Abschmecken und eventuell nachwürzen.

Kurz vor dem Servieren den Kartoffelsalat noch einmal mit wenig kochender Brühe vermengen. Der schwäbische Kartoffelsalat sollte immer sehr saftig serviert werden.

Zutaten
für 4 Personen

1 kg Kartoffeln (festkochend)

2 Schalotten bzw. 1 mittelgroße Zwiebel

½ TL scharfer Dijonsenf

1/5 – ½ l Brühe (je nach Aufsaugfähigkeit der Kartoffeln)

5 EL Sonnenblumenöl

3 – 5 EL Weißweinessig

Salz, frisch gemahlener Pfeffer

! Bei der Zubereitung dieses Salates nie die Brühe auf einmal hinzugeben – immer erst nach und nach. Dabei unbedingt achtgeben, ob die Kartoffeln die Brühe schon aufgesogen haben.

Apfelschmorbraten

Das Fleisch waschen und mit Küchenkrepp trocken tupfen. Dann mit Honig bestreichen und mit Salz und Pfeffer würzen. Butter und Öl zusammen erhitzen und das Fleisch von allen Seiten darin anbraten. Mit dem Apfelwein ablöschen.

Zutaten
für 4 – 6 Personen

1 kg Schweinebraten (aus dem Rücken)
2 EL Honig
Salz, Pfeffer
2 EL Butter
2 EL Öl
400 ml Cidre (Apfelwein)
2 säuerliche Äpfel (z. B. Boskop)
einige Zweige Majoran bzw. Oregano
3 Zwiebeln

Die Äpfel schälen, vierteln und das Kerngehäuse entfernen. Zusammen mit den Majoran- bzw. Oreganozweigen zum Braten geben und zugedeckt ca. 30 Minuten schmoren. Die Zwiebeln abziehen, würfeln und hinzufügen. Weitere 20 Minuten schmoren.

Braten und Zwiebeln aus dem Bratenfond nehmen und warm stellen. Die Majoran- bzw. Oreganozweige ebenfalls aus dem Bratenfond herausnehmen. Den Bratenfond pürieren und mit Salz und Pfeffer abschmecken.

Den Braten in Scheiben schneiden und zusammen mit den Zwiebeln und der Sauce anrichten.

!
● Dazu sind Rösti, Kroketten oder Pommes Dauphine wunderbare Beilagen.

Burgunder Schinkenbraten mit Ananas

Den Schinken in eine Auflaufform legen. Die Ananas schälen und in Scheiben schneiden. Die Ananasscheiben auf der Oberfläche und an den Seiten des Schinkens mit Holzspießen gut feststecken. Anschließend mit Nelken spicken. Etwas Wein darübergeben und bei 180 °C (Ober- und Unterhitze) auf die mittlere Schiene für 90 Minuten in den vorgeheizten Backofen geben. Den Braten dabei immer wieder (am besten alle 15 Minuten) mit Rotwein begießen.

Den Schinken aus dem Backofen nehmen und die Nelken entfernen. Die Ananasscheiben vom Schinken lösen und diesen fest in Alufolie einschlagen.

Den Bratenfond in einen Topf geben und aufkochen. Die Sauce andicken. Dafür die Speisestärke in Wasser auflösen und löffelweise hineingeben. Eventuell noch mit Salz und Pfeffer abschmecken.

Den Schinkenbraten aus der Folie nehmen und in Scheiben schneiden. Auf den Tellern anrichten, mit Sauce nappieren und servieren.

Zutaten
für 4 Personen

800 g gekochter Schinken am Stück

1 Ananas

10 Gewürznelken

300 ml Rotwein (am besten aus Burgund)

Speisestärke

Außerdem:

Holzspieße

! Wer es gern fruchtiger mag, gibt noch Kirschen in die Sauce.

Lauchtorte

Zutaten
für 4 Personen

3 Möhren

1 Päckchen Tk-Blätterteig (ca. 4–6 Blätter, je nach Größe der Form)

Butter und Brotbrösel zum Ausfetten und Bestreuen der Form

500–700 g Lauch

200 g gekochter Schinken

2 reife Fleischtomaten

150 g grob geriebener Käse (je nach Geschmack ein mehr oder weniger herzhafter Käse oder auch eine Käsemischung)

2–3 Eier

1/2 l Sahne

Pfeffer frisch aus der Mühle

Salz, Muskat (Menge je nach Geschmack)

Den Teig auftauen, ein wenig ausrollen und in eine mit Butter und Brösel vorbereitete Form legen. Den Teig mit einer Gabel mehrfach einstechen und ca. 10 Minuten (je nach Packungsangabe und Backofentyp) backen, bis er leicht braun geworden ist.

In der Zwischenzeit den Lauch putzen, waschen, in schmale Ringe schneiden und in kochendem, leicht gesalzenem Wasser ca. 3 Minuten blanchieren. Unter kaltem Wasser den Lauch abschrecken, um seine grüne Farbe zu erhalten, und in einem Sieb abtropfen lassen. Den Schinken in briefmarkengroße Stückchen schneiden, die Tomaten in kleine Teile schneiden (je nach Geschmack zuvor enthäuten und entkernen). Den vorgebackenen Teig aus dem Backofen nehmen, den gut abgetropften Lauch auf dem Boden verteilen, darauf den Schinken und die Tomaten verteilen.

Die Eier mit Sahne, Salz, Pfeffer und Muskat verquirlen, den geriebenen Käse hinzugeben. Diese Mischung gut über die Torte verteilen. Wer es kräftig mag, kann in die Käse-Ei-Masse noch ein paar Stückchen rohen Schinken geben, sie werden recht kross und geben Würze.

Im vorgeheizten Backofen ca. 45 Minuten backen (evtl. die dickeren Torten bei geringer Temperatur anschließend noch ruhen lassen). Temperatur: im klassischen Backofen 250 °C, bei anderen Backöfen entsprechend niedriger. Nach einiger Zeit die Temperatur etwas herunterdrehen, damit der Belag gut durchgetrocknet wird. Bei beginnender Bräunung die Torte evtl. mit Alufolie abdecken, damit nichts verbrennt.

! ● Da diese herzhafte Torte nicht aus der Form genommen wird, ist eine feuerfeste Glas- oder Keramikform (rund oder eckig) recht dekorativ. Je nach Geschmack kann man diese Zutaten zu einer dünn belegten großen Torte oder zu einer dick belegten kleineren Torte verarbeiten.

Linseneintopf „Klassisch"

Zutaten
für 4 Personen

3 Möhren
½ kleine Sellerieknolle
1 Stange Lauch
250 g geräucherter Speck
Öl
1 große Zwiebel
300 g getrocknete Linsen
Rinderfond (Konzentrat)
2 Stiele Majoran
5 Blätter Liebstöckel (Maggikraut)
4 große Kartoffeln
Salz, Pfeffer

Möhren und Sellerie schälen, waschen und klein würfeln. Den Lauch gründlich waschen und in Ringe schneiden. Die Zwiebel abziehen und klein würfeln. Den Speck klein würfeln und mit etwas Öl im Kochtopf anbraten. Dann Zwiebelwürfel und Gemüse zum Speck in den Kochtopf geben. Die Linsen hinzufügen und anschließend mit Wasser ablöschen. Mit so viel Wasser auffüllen, dass alle Zutaten bedeckt sind. Den Rinderfond hinzugeben. Dann das Ganze pfeffern und den Majoran (vorher waschen und Blätter von den Stielen zupfen) sowie Liebstöckel hinzufügen.

Bei geschlossenem Deckel die Suppe ca. 45 Minuten leicht kochen lassen. Die Kartoffeln schälen, würfeln und zu den Linsen geben. Nun so lange kochen lassen, bis die Kartoffeln weich sind.

Den Deckel vom Topf nehmen und eventuell noch etwas Fond dazugeben. Nicht zu viel Flüssigkeit hinzufügen, ansonsten wird die Konsistenz zu flüssig und der Eintopf zur Suppe. Heiß und mit frischem Brot servieren.

! Den Liebstöckel sparsam einsetzen, ansonsten dominiert er den Geschmack des Eintopfes.

Rindercurry mit Erdäpfeln

Zutaten
für 4 Personen

- 700 g Rinderschulter (oder -nacken)
- 500 g Kartoffeln (festkochend)
- 2 Zwiebeln
- 1 Chilischote
- 2 EL Öl
- 1 TL brauner Zucker
- 400 ml Kokosmilch
- ½ Bio-Limette

Für die Currypaste:

- 4 Knoblauchzehen
- 1 Bund Koriandergrün
- 1 Stück (2 cm) frischer Ingwer
- 2 Chilischoten
- 2 TL Kreuzkümmel, gemahlen
- 1 TL Kurkuma
- Salz

Für die Currypaste Knoblauch schälen und grob hacken. Koriander abbrausen und trocken schütteln. Blätter abzupfen, ein paar für die Garnitur zurücklegen, die restlichen Blätter hacken. Den Ingwer schälen und ebenfalls hacken. 2 Chilischoten waschen, entstielen und samt Kernen grob hacken. Alle Zutaten im Blitzhacker fein zerkleinern. Kreuzkümmel, Kurkuma und Salz unterrühren. Zwiebeln schälen und fein würfeln. Die dritte Chilischote waschen, entstielen und in Ringe schneiden. Das Fleisch in ca. 2 cm dicke Würfel schneiden, dabei Fettstücke und Sehnen entfernen.

Das Öl in einem Schmortopf erhitzen. Zwiebelwürfel und Chiliringe darin andünsten. Den Zucker darüberstreuen und schmelzen lassen. Die Currypaste unterrühren und kurz andünsten, dann die Kokosmilch und 50 ml Wasser dazugeben und verrühren. Das Fleisch dazugeben. Die Temperatur reduzieren und auf niedriger Stufe das Fleisch ca. 1,5 Stunden weich schmoren, dabei ab und an umrühren.

Kartoffeln schälen, waschen und ebenfalls in ca. 2 cm große Würfel schneiden. Unter das Fleisch mischen und weitere 20–30 Minuten schmoren, bis auch die Kartoffeln weich sind. Dabei bei Bedarf noch etwas Wasser zugeben. Die Limette heiß abwaschen und die Schale fein abreiben. Das Rindercurry mit Salz abschmecken und mit dem Limonenabrieb und dem restlichen Koriander garnieren.

! Die exotischen Gewürze, die in diesem Gericht Verwendung finden, kann man sehr gut in Asia-Läden kaufen.

Zitronencreme „Chiboust"

Für die Zitronencreme Zitronensaft, Schalenabrieb, Eier, Zucker und die klein geschnittene Butter in eine Schüssel geben. Im Wasserbad erhitzen und mit dem Schneebesen so lange aufschlagen, bis die Masse dickflüssig ist. Dann in die Dessertgläser verteilen und erkalten lassen.

Für die Chiboust-Creme Milch und Zitronensaft erhitzen. Die Eier trennen. Das Eigelb mit 20 g Zucker weiß-schaumig schlagen, dann das Puddingpulver bzw. Stärkemehl dazugeben. Anschließend in den Topf zu der Milch-Zitronensaft-Mischung geben. Auf niedriger Temperaturstufe etwas eindicken lassen. Dann vom Herd nehmen und die zuvor in kaltem Wasser eingeweichte, gut ausgedrückte Gelatine einarbeiten.

In einem Topf die restlichen 100 g Zucker zusammen mit 250 ml Wasser verrühren und auf 110 °C erhitzen. Währenddessen das Eiweiß zu festem Schnee schlagen. Anschließend mit dem heißen Sirup vorsichtig übergießen, dabei ständig weiterschlagen – so lange, bis der Eischnee gänzlich erkaltet ist. Diesen dann in die noch warme Chiboust-Creme in 2 Stufen einarbeiten: das erste Drittel kräftig einrühren, um die Creme geschmeidig zu machen, die restliche Menge danach sehr vorsichtig unterziehen.

Die Baisers zerbröseln, auf die Zitronencreme streuen und abschließend die Chiboust-Creme daraufgießen. Das Dessert kalt stellen und kurz vor dem Servieren mit einer getrockneten Zitronenscheibe dekorieren.

Zutaten
für 6 Personen

Für die Zitronencreme:
Saft und Abrieb von 2 unbeh. Zitronen
4 Eier
80 g Zucker
80 g Butter

Für die Chiboust-Creme:
80 ml Milch
Saft von einer ½ Zitrone
2 Eier
1 Blatt Gelatine
15 g Puddingpulver oder Stärkemehl
120 g Zucker
6 kleine Baisers

! Für die Dekoration eine gefrorene Zitrone mit Hilfe einer Reibe in dünne Scheiben schneiden und diese mit Puderzucker bestäuben. Anschließend für 2 Stunden in den 90 °C heißen Backofen geben.

Apfelsinen-Kokostorte

Aus den angegebenen Zutaten einen Rührteig herstellen und in eine gefettete Springform füllen.

Zutaten

Für den Boden:

3 Eier
200 g Mehl
100 g Margarine
Saft von einer ½ Zitrone
eine Prise Salz
1 TL Backpulver

Für den Belag:

4 Apfelsinen
50 g Kokosraspel
20 g Zucker
1 Prise Zimt
3 EL Sahne
1 Ei

Belag: Apfelsinen schälen, in Scheiben schneiden und auf dem Boden verteilen. Mit Kokosraspel, Zucker und Zimt bestreuen. Die Sahne mit dem Ei verquirlen und über die Torte streichen.

Backzeit: ca. 50 Minuten bei 175 °C

Kiwitorte

Zutaten

Für den Boden:

3 Eier
100 g Zucker
1 P. Vanillezucker
100 g Mehl
½ P. Backpulver

Für die Dekoration:

5 – 6 Kiwis
1 P. Tortenguss, klar
¼ l Wasser
2 EL Zucker

Für die Füllung:

2 P. gemahlene Gelatine
250 g Quark
200 g Doppelrahmfrischkäse
8 EL Zucker
Saft von einer ½ Zitrone
400 ml Schlagsahne
1 P. Götterspeise „Waldmeister"

Aus den angegebenen Zutaten einen Biskuitteig herstellen. Backzeit: ca. 20 Minuten bei 200 °C. Auskühlen lassen.

Füllung: Gelatine einweichen. Quark, Frischkäse, Zucker und Zitronensaft glatt rühren. Gelatine auflösen und nach Vorschrift unter die Masse rühren. Sahne steif schlagen und unter die Masse heben. Götterspeise unterrühren (die dunkelgrünen Punkte sind gewollt). Boden mit Tortenring versehen und die Quarkmasse auf dem Boden verteilen. Torte in den Kühlschrank stellen und fest werden lassen.

Fertigstellung: Kiwis schälen, in Scheiben schneiden und die fest gewordene Torte damit belegen. Einen Tortenguss nach Vorschrift herstellen und über die Kiwis verteilen.

Ananas-Grapefruit-Konfitüre

Das Ananas-Fruchtfleisch in kleine Stücke schneiden und abwiegen. Dann eine Grapefruit heiß abwaschen und trocken reiben. Die Schale mit einem Zestenreißer in sehr feinen Streifen abziehen. Die Grapefruits auspressen und den Saft mit dem beim Auspressen anfallenden Fruchtfleisch auf 400 ml abmessen. Davon die Hälfte in einen Topf geben, die Grapefruitzesten zugeben und 10 Minuten darin weich kochen.

Dann die Ananas pürieren, mit dem restlichen Grapefruitsaft samt Fruchtfleisch und dem Gelierzucker in den Topf geben und mindestens 4 Stunden ziehen lassen. Aufkochen und unter ständigem Rühren 4 Minuten sprudelnd kochen lassen. Die Gelierprobe machen. Den Topf von der Kochstelle ziehen. Den Orangenlikör zufügen, umrühren. Die sauberen, heiß ausgespülten Gläser randvoll mit der noch heißen Konfitüre befüllen. Dann fest verschließen und 5 Minuten auf den Deckel stellen.

Zutaten
für ca. 6 Gläser à 220 ml Inhalt

1 frische Ananas (600 g Fruchtfleisch)

2 – 3 (400 g) rote Grapefruits (unbehandelt)

1 000 g Gelierzucker tropic 1:1 oder 500 g Gelierzucker 2:1 (weniger süß)

4 cl Orangenlikör (nach Belieben)

! Natürlich können Sie jede Konfitüre bzw. Marmelade auch ohne Alkohol herstellen. Alkohol fördert die Gelierung und verfeinert das Aroma. Er wird ganz zum Schluss, nachdem man den Topf von der Kochstelle gezogen hat, in geringen Mengen untergerührt. Anders verhält es sich bei Rezepten, die einen höheren Alkoholanteil haben, der von Anfang an mitgekocht wird.

„Ist's ein kalter Februar,
  wird's ein gutes Roggenjahr."

Februar

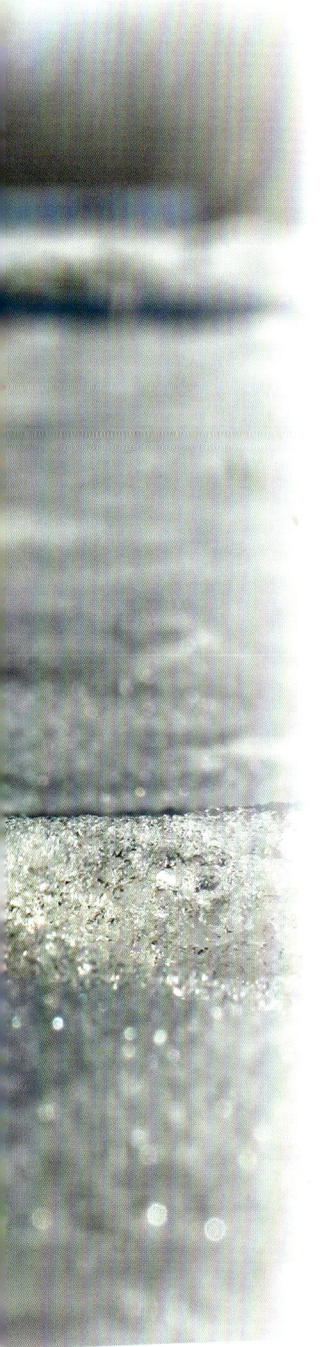

Möhrensuppe mit Thymiansahne	26
Champignons mit Ricotta-Füllung	26
Chinakohlsalat mit Sesam	27
Feldsalat mit Blutorangen & Avocado	27
Arabischer Hackbraten	28
Chicorée-Schinken-Auflauf	29
Hühnchen-Nudel-Eintopf	30
Kartoffelgratin mit Kassler	31
Klöße mit Grünkohl-Hackfleisch-Füllung	32
Rindfleisch mit verschiedenen Saucen	34
Äpfel im Schlafrock	36
Französische Zitronentarte	37

Der besondere Küchentipp im Februar:

Chinakohlsalat mit Sesam

Äpfel im Schlafrock

Feiern, fasten und es sich trotzdem gutgehen lassen ...

Der Februar – der 2. Monat im Jahr – ist benannt nach dem römischen Reinigungsfest „Februa". Er ist also der Monat der Reinigung. Sein markantestes Merkmal: Er hat nur 28 – im Schaltjahr 29 – Tage und ist damit der kürzeste Monat des Jahres. So bleibt nicht so viel Zeit, Pläne und Vorhaben (siehe gute Vorsätze „Januar") in die Tat umzusetzen. Weitere Merkmale: Überwiegend im Februar – kalendarische Ausnahmen bestätigen die Regel – wird erst gefeiert und dann gefastet. Nass, kalt und ungemütlich, ist der Monat des Karnevals und der Fastenzeit noch ein klassischer Wintermonat, doch lassen sich allmählich die ersten zaghaften Vorboten des Frühlings erahnen. Weicht der Winter etwas zurück, erwacht die Natur zu neuem Leben, und man kann vereinzelt im so genannten Vorfrühling bereits den Lockrufen der Meisen lauschen. Allerdings ist der Februar recht launisch: Er bietet keine Gewähr, dass Frost und Kälte ein Ende haben. Aber es bleibt länger hell – ein Indiz dafür, dass der Frühling nicht mehr ganz so lange auf sich warten lässt.

Am Aschermittwoch – meistens im Februar – ist nicht alles vorbei! Die Fastenzeit ist zwar eine gute Gelegenheit, das ein oder andere Naschwerk oder Gläschen beiseitezulassen.

Februar

Das heißt aber noch lange nicht, dass Entbehrung und ein karger Speiseplan Programm sind. Im Februar gibt es viel frisches Gemüse aus heimischem Anbau, das sich zu leckeren Gerichten verarbeiten lässt. Die leiblichen Genüsse müssen also keineswegs hintangestellt werden. Auch hier gilt wie im Vormonat: Für genügend Vitamine ist zu sorgen. Da ist zum Beispiel der Grünkohl ein verlässlicher Vitamin-C-Lieferant. Die Klöße mit Grünkohl-Hackfleisch-Füllung von Seite 32 sind empfehlenswert und sehr gesund. Ein bisschen Vitamin D dazu: Noch besser! Möhren gibt es das ganze Jahr – so auch im Monat Februar. Eine Möhrensuppe mit Thymiansahne (Seite 26) ist eine raffinierte Komposition, die schön von innen wärmt. Apropos Thymian: Gewürze sind wahre Wärmespender. So kommt der Kreuzkümmel – für den, der orientalische Gewürze mag – im Arabischen Hackbraten von Seite 28 gerade recht.

Damit das Fasten nicht so schwerfällt, bleibt die „Backstube" im Februar kalt. Stattdessen gibt es ein herrliches Rezept vom Rindfleisch mit verschiedenen Saucen. Wunderbar, um den Valentinstag angemessen zu würdigen.

! Wenn es nicht vegetarisch sein muss, geht statt Gemüsebrühe auch Hühnerbrühe.

Möhrensuppe mit Thymiansahne

Die Möhren waschen, mit einem Sparschäler schälen und in kleine Scheiben schneiden. In einen Topf geben, die Brühe angießen und das Ganze mit Pfeffer, Zucker, Curry, Tomatenmark und Salz würzen. Bei mittlerer Hitze 30 Minuten garen, bis die Möhren weich sind. Dann die Möhren pürieren und den Orangensaft sowie 200 ml Sahne unterrühren.

Für die Thymiansahne die restliche Sahne halb steif schlagen (für die Garnitur evtl. etwas zurückbehalten) und die Blätter von dem Bund Thymian zupfen. Einige Thymianblättchen beiseitelegen, den Rest unter die Sahne heben. Die Suppe am besten auf vorgewärmten Tellern anrichten. Eventuell mit einem Sahnehäubchen und mit Thymianblättchen garnieren.

Zutaten
für 4 Personen

1 kg Möhren
¾ l kräftige Hühner- oder Gemüsebrühe
1 TL Pfeffer aus der Mühle
1 TL Zucker
1 TL Curry
1 EL Tomatenmark
Salz
125 ml frisch gepresster Orangensaft
325 ml Sahne
1 Bund Thymian

Champignons mit Ricotta-Füllung

Den Backofen auf 220 °C Oberhitze vorheizen. Die Chilischote waschen, halbieren, entkernen und klein hacken. Den Ricotta mit dem Zitronenabrieb, Chili, Salz und Pfeffer gründlich verrühren und abschmecken. Anschließend Oregano bzw. Majoran klein hacken und zusammen mit der Hälfte des Parmesans untermischen.

Die Stiele von den Champignons entfernen. Die Pilzhüte in etwas Öl wenden, leicht salzen und pfeffern. Anschließend mit der Lamellenseite zuoberst auf ein Backblech legen. Die Ricotta-Füllung darauf verteilen und etwas Parmesan darüberstreuen. Dann die Champignons im Backofen ca. 15 Minuten goldgelb überbacken.

Den Rucola auf den Tellern verteilen, die Champignons daraufsetzen und sofort servieren.

Zutaten
für 4 Personen

100 g Ricotta
Abrieb von 1 Zitrone
1 Chilischote
2 TL frischer Oregano bzw. Majoran
8 EL geriebener Parmesan
16 Champignons
100 g Rucola
Salz, Pfeffer

Chinakohlsalat mit Sesam

Für die Vinaigrette in einer Schüssel Essig, Sesamöl, Sonnenblumenöl, Salz und Pfeffer mit dem Schneebesen verrühren.

Den Chinakohl waschen, in feine Streifen schneiden und die Vinaigrette darübergeben. Alles vermengen und nach Geschmack nachwürzen. In einer beschichteten Pfanne die Sesamkörner ohne Fett rösten.

Auf den Tellern die Chinakohlstreifen anrichten. Die Karotte schälen, grob raspeln und über den Kohl geben. Abschließend die gerösteten Sesamkörner darüberstreuen.

Zutaten
für 4 Personen

2 EL Sesamöl
2 EL Sonnenblumenöl
3 EL Essig
1 mittelgroßer Chinakohl
1 Karotte
30 g Sesamkörner
Salz, Pfeffer

Feldsalat mit Blutorangen & Avocado

Zunächst eine Orange auspressen und die Cranberries in den Orangensaft einlegen. Die zweite Orange mit einem feinen Messer abschälen. Dabei unbedingt die weiße Zwischenhaut vorsichtig entfernen, da ansonsten der Salat bitter wird. Die Orange vierteln.

In einer großen Salatschüssel Essig mit Olivenöl verrühren, anschließend die Cranberries hineingeben. Den Feldsalat waschen, verlesen, trocken schleudern und zur Vinaigrette geben. Das Ganze vorsichtig vermengen, auf den Tellern anrichten und die Orangenviertel dazugeben.

Die Avocado vierteln, entsteinen, abschälen und in schmale Spalten schneiden. Ebenfalls zum Salat geben. Dann mit Salz und Pfeffer würzen und die gehackten Pistazien darüberstreuen.

Zutaten
für 4 Personen

2 Blutorangen
40 g getrocknete Cranberries
4 EL Olivenöl
2 EL Balsamico-Essig
100 g Feldsalat
1 Avocado
30 g Pistazien, gehäutet und gehackt
Pfeffer aus der Mühle
Fleur de Sel (oder Meersalz)

Arabischer Hackbraten

Zutaten
für 4 Personen

1 kg Hackfleisch (Rind)
3 rote Zwiebeln
3 altbackene Brötchen
3 Eier
140 g gehackte Mandeln
140 g Rosinen
8 EL Öl
1 Prise Kreuzkümmel
1 Prise Cayennepfeffer
Salz, Pfeffer aus der Mühle
140 g gehackte Mandeln
200 g Magermilchjoghurt
6 EL Zitronensaft
190 g saure Sahne
2 Bund glatte Petersilie
500 g Tomaten

Brötchen in lauwarmem Wasser einweichen, ausdrücken und in eine Schüssel geben. Hackfleisch, Eier und Rosinen hinzufügen. Zwiebeln würfeln und zusammen mit zwei Dritteln der Mandeln in 3 EL Öl anrösten. Etwas abkühlen lassen und zum Hackfleisch geben. Alles gut miteinander verkneten und mit Salz, Kreuzkümmel, Cayenne- und schwarzem Pfeffer kräftig würzen.

Aus der Hackfleischmischung einen Laib formen und diesen auf ein eingefettetes Backblech legen. Mit nassen Händen die Oberfläche glatt streichen. Anschließend mit der Hälfte der gehackten Mandeln bestreuen, diese fest andrücken. Danach das Ganze in den auf 180 °C vorgeheizten Backofen schieben und nur mit Unterhitze auf mittlerer Schiene ca. 60 Minuten braten.

Für den Dip Joghurt mit 2 EL Zitronensaft verrühren, die saure Sahne dazugeben und mit Salz, Pfeffer und Kreuzkümmel abschmecken. Zum Schluss die restlichen gehackten Mandeln unterheben.

Für den Salat Tomaten waschen, entkernen und in größere Würfel schneiden. Die Petersilie klein schneiden und mit den Tomatenwürfeln vermengen. Den restlichen Zitronensaft und das verbliebene Öl mit Salz, Pfeffer und Zucker vermischen und über die Tomaten geben. Alles gut vermengen. Zusammen mit Dip und Salat servieren.

Chicorée-Schinken-Auflauf

Zutaten
für 4 Personen

4 Stauden Chicorée (ca. 800 g)
Saft von 1 Zitrone
2 TL Salz

Für die Béchamelsauce:

30 g Butter
50 g Mehl
700 ml Milch (3,5 % Fett)
1 TL gekörnte Brühe
1 Prise weißer Pfeffer, gemahlen
1 Prise Muskatnuss, gemahlen

Außerdem:

4 Scheiben gekochter Schinken (ca. 200 g)
Butter für die Form
200 g Käse zum Überbacken

Chicorée waschen, Strünke keilförmig herausschneiden. Die ganzen Stauden ca. 5 Minuten in Zitronen-Salzwasser bissfest garen, abtropfen und etwas abkühlen lassen.

Für eine Béchamelsauce Butter schmelzen, Mehl einstreuen und kurz anschwitzen. Milch angießen und unter ständigem Rühren aufkochen. Sauce mit Brühe, Salz, Pfeffer und Muskatnuss abschmecken.

Chicoréestauden mit Schinken umwickeln und in eine gefettete Auflaufform geben. Mit der Sauce übergießen und mit Käse belegen. Den Auflauf im vorgeheizten Backofen bei 220 °C (Heißluft 200 °C) ca. 25 Minuten backen, bis der Käse eine goldbraune Farbe angenommen hat.

Hühnchen-Nudel-Eintopf

Zutaten
für 4 Personen

1 Suppenhuhn
1 Zwiebel
2 Möhren
½ Stange Lauch
½ Knollensellerie
1 Lorbeerblatt
3 Nelken
½ TL schwarze Pfefferkörner
½ TL Wacholderbeeren
Salz, Muskatnuss

Außerdem:

3 Möhren
150 g TK-Erbsen
250 g Suppennudeln
1 kleines Bund Petersilie

Das Suppenhuhn gründlich abwaschen und in einem Topf mit 2,5 Liter Wasser zum Kochen bringen. Bei geringer Hitze ca. 40 Minuten köcheln lassen, dabei hin und wieder den sich absetzenden Schaum mit einer Kelle abschöpfen.

In der Zwischenzeit die Zwiebel mit Schale halbieren und in einer Pfanne ohne Öl 4 – 5 Minuten rösten. Die Möhren schälen, den Lauch waschen und halbieren, den Knollensellerie schälen und das ganze Suppengemüse grob würfeln.

Die Zwiebel aus der Pfanne nehmen und zusammen mit dem Gemüse zum Huhn geben. Dann Lorbeerblatt, Nelken, Pfefferkörner und Wacholderbeeren hinzugeben. Weitere 50 Minuten sanft köcheln lassen.

Zum Schluss das Suppenhuhn herausnehmen und die Brühe durch ein Sieb gießen. Die Brühe mit Salz und geriebener Muskatnuss abschmecken. Dann die Möhren schälen, in Scheiben schneiden und würfeln. Zusammen mit den TK-Erbsen und Suppennudeln in die Brühe geben und darin ca. 10 Minuten weich köcheln lassen.

Das Fleisch vom Suppenhuhn schneiden, klein würfeln und kurz vor dem Servieren in der Brühe noch mal ganz heiß werden lassen. Den Eintopf auf die Teller verteilen, mit fein gehackter Petersilie bestreuen und servieren.

Kartoffelgratin mit Kassler

Kartoffeln gründlich waschen und in reichlich kochendem Wasser ca. 20 Minuten garen.

In der Zwischenzeit die Zwiebel abziehen und in feine Ringe schneiden. Kassler in ca. 1 cm dicke Scheiben schneiden. Butter in einem Topf erhitzen, die Zwiebelringe darin andünsten und mit Mehl bestäuben. Sahne und Brühe unter stetigem Rühren angießen und aufkochen. Die Sauce ca. 3 Minuten unter Rühren köcheln lassen. Mit Muskatnuss und Pfeffer würzen.

Die Kartoffeln abgießen, unter kaltem Wasser abschrecken und pellen. In Scheiben schneiden und zusammen mit den Kasslerscheiben fächerförmig in eine flache, zuvor gefettete Auflaufform schichten. Die Sauce gleichmäßig darübergießen und mit Käse belegen.

Im vorgeheizten Backofen (Ober- u. Unterhitze: 200 °C, Umluft: 175 °C, Gas: Stufe 3) 25 – 30 Minuten überbacken.

Zutaten
für 4 Personen

1 kg Kartoffeln (festkochend)
750 g Kassler
30 g Butter
20 g Mehl
150 g Schlagsahne
1 Zwiebel
250 ml Gemüsebrühe
150 g Raclette-Käse
geriebene Muskatnuss
Pfeffer
Fett für die Form

Klöße mit Grünkohl-Hackfleisch-Füllung

Für die Füllung die Zwiebel abziehen und wie den Grünkohl fein hacken. Das Brötchen und den Speck in kleine Würfel schneiden. In einer Pfanne den Speck auslassen und beiseitestellen. Das Hackfleisch krümelig braten, dabei öfter wenden. Dann die Zwiebel untermischen und kurz mitbraten. Die Brötchenwürfel unterrühren, dann alles kräftig mit Salz, Pfeffer und Paprikapulver würzen. Die Knoblauchzehe abziehen und durch die Presse dazugeben. Grünkohl und Speck untermischen und weitere 10 Minuten unter Rühren braten. Abschließend abschmecken, von der Herdplatte nehmen und abkühlen lassen. 2 Eier verquirlen und unterziehen.

Für den Kloßteig die rohen Kartoffeln schälen, waschen und fein reiben. Dann in einem Küchentuch fest auspressen. Die gekochten, gepellten Kartoffeln vom Vortag durch die Kartoffelpresse drücken. Gekochte und rohe Kartoffeln in einer Schüssel mischen. 2 Eier und so viel Mehl unterkneten, dass ein geschmeidiger Teig entsteht, der nicht an den Fingern haften bleibt. Den Teig mit Salz, Pfeffer und geriebener Muskatnuss würzen.

Die Hände kalt abspülen. Dann aus dem Teig die Klöße formen und mit der Grünkohl-Hackfleisch-Mischung füllen. Dazu jeweils eine faustgroße Menge Teig abnehmen, in die Handfläche geben und eine Vertiefung hineindrücken. Pro Kloß ca. 1 EL von der Füllung hineingeben, den Teig drum herum zusammendrücken und glatte Klöße rollen. Sie sollten mindestens doppelt so groß sein wie normale Beilagen-Klöße. Anschließend reichlich Salzwasser aufkochen, die Klöße hineingeben und das Salzwasser kurz aufwallen lassen. Die Hitze verringern und die Klöße etwa 30 Minuten ziehen lassen. Die Semmelbrösel abschließend in Butter goldgelb rösten und über die Klöße gießen.

Zutaten
für 4 Personen

Für die Füllung:

300 g Grünkohl, gewaschen, gezupft
1 Zwiebel
1 Brötchen vom Vortag
50 g durchwachsener Speck
250 g Hackfleisch, gemischt
Salz
schwarzer Pfeffer aus der Mühle
Paprikapulver (rosenscharf)
1 Knoblauchzehe
2 Eier

Für die Klöße:

750 g rohe Kartoffeln, mehligkochend
750 g Kartoffeln vom Vortag (gekocht, gepellt), mehligkochend
2 Eier
ca. 200 g Mehl
Muskatnuss, frisch gerieben
3 EL Semmelbrösel
80 g Butter

! Die Klöße mit grünem Blattsalat servieren. Statt den Teig selbst herzustellen, wie im Rezept beschrieben, kann man ebenso gut fertigen Kloßteig „½ und ½" verwenden. Zu den gerösteten Semmelbröseln passt sehr gut eine Speck-Rahm-Sauce.

Rindfleisch mit verschiedenen Saucen

Zutaten
für 4 – 6 Personen

1 kg Rindfleisch (von der Zunge oder Tafelspitz)
2 Zwiebeln (ungeschält)
1 Stange Lauch
1 Stück Knollensellerie
2 Möhren
2 Zweige Liebstöckel
4 Pfefferkörner
2 Lorbeerblätter
Salz

Für die Zwiebelsauce:

7 Zwiebeln
500 ml Brühe (Suppe)
3 EL Butter
1 – 2 EL Mehl
milder Essig, Salz
körniger Senf
Zucker

Für die Meerrettichsauce:

1 Schalotte
1 EL Butter, Mehl
ca. 100 ml Weißwein
1 Becher Sahne
1 EL Crème fraîche
1 Schöpfkelle Brühe (Suppe)
2 – 4 TL Tafelmeerrettich (Glas)
Salz

Für die Schnittlauchsauce:

1 Ei, 1 Eigelb
150 ml Öl
2 Scheiben Toastbrot
Salz, Pfeffer
2 Bund Schnittlauch

Das Rindfleisch abwaschen, in einen Topf mit Wasser geben (Fleisch muss bedeckt sein) und zum Kochen bringen. Den sich bildenden Schaum immer wieder mit der Kelle abschöpfen. Wenn sich kein Schaum mehr bildet, Salz, gewaschenes und grob zerkleinertes Suppengemüse, die halbierten Zwiebeln mit Schale (damit sich die Flüssigkeit nicht eintrübt) und den gewaschenen Liebstöckel, die Pfefferkörner sowie die Lorbeerblätter hinzufügen. Zugedeckt bei schwacher Hitze ca. 2 Stunden köcheln lassen. Das Fleisch anschließend herausheben, Die Lorbeerblätter und Zwiebelhälften herausnehmen und die Suppe durch ein Haarsieb oder Baumwolltuch passieren. Die Rindfleischbrühe wird für die Zubereitung der verschiedenen Saucen benötigt: für die Zwiebelsauce 500 ml, für die Meerrettichsauce ca. eine Schöpfkelle und für die Schnittlauchsauce ca. 10 Esslöffel. Aus der restlichen Brühe lässt sich mit Markklößchen, Eierstich und klein gewürfeltem Suppengemüse eine leckere Vorsuppe zubereiten. Oder man hebt die Brühe für ein Risotto am nächsten Tag auf bzw. friert sie ein.

Für die Zwiebelsauce die Zwiebeln schälen, fein würfeln und in einem Topf in der Butter glasig dünsten. Mit dem Mehl bestäuben (je mehr Mehl man verwendet, desto dickflüssiger wird die Sauce). Die Brühe unter ständigem Rühren angießen und die Zwiebeln im offenen Topf und bei geringer Hitze gar kochen. Anschließend mit Essig, Salz, Senf und Zucker abschmecken. Wenn die Sauce noch nicht sämig genug ist, weiter einreduzieren oder zusätzlich andicken. Das Rindfleisch in Scheiben schneiden und zum Erwärmen in die Sauce legen.

Für die Meerrettichsauce die Schalotte abziehen und fein würfeln. Dann in der Butter bei mittlerer Temperatur farblos anschwitzen. Etwas Mehl dazugeben und mit dem Schneebesen 2 Minuten gründlich verrühren. Dann mit Weißwein ablöschen und weiterhin gut rühren, bis keine Klümpchen mehr vorhanden sind. Dann Sahne, Crème fraîche und ca. eine Schöpfkelle Brühe (siehe oben) in die Sauce geben und erwärmen. Die Sauce mit Meerrettich und Salz nach Belieben abschmecken.

Für die Schnittlauchsauce das Ei hart kochen und pellen. Das gekochte Ei halbieren, das Eigelb herauslösen und das Eiweiß für die spätere Verwendung zurückstellen. Das Eigelb durch ein Sieb streichen und mit dem rohen Eigelb glatt verrühren. Das Öl tropfenweise unter ständigem Rühren mit dem Schneebesen hinzufügen, so dass es sich mit der Eigelbmasse zu einer geschmeidigen Mayonnaise verbindet. Vom Brot die Rinde entfernen, zerbröseln und mit 10 EL von der Rindfleischbrühe glatt rühren. Wenn die Brotmasse abgekühlt ist, mit der Mayonnaise verrühren und mit Salz und Pfeffer würzen. Den vorher gewaschenen Schnittlauch in feine Röllchen schneiden und das übrige gekochte Eiweiß fein hacken. Beides mit der Sauce vermengen.

! ● Dazu schmecken Salzkartoffeln sehr gut.

Zutaten
für 4 Personen

Für den Teig:

300 g Mehl

1 Päckchen Backpulver

70 g Zucker

2 Päckchen Vanillezucker

7 EL Milch

7 EL Öl

150 g Quark

Saft von 1 unbehandelten Zitrone

6 – 8 Äpfel (z. B. Boskop)

Für die Füllung:

wahlweise je eine Handvoll in Rum eingelegte Rosinen, grob zerkleinerte Mandeln oder Nüsse

3 EL Schokoaufstrich

100 g Marzipanrohmasse

Äpfel im Schlafrock

Für den Teig Mehl und Backpulver in einer Rührschüssel vermischen. Dann die übrigen Teigzutaten dazugeben und alles mit einem Holzlöffel verrühren. Zum Schluss den Teig mit den Händen kneten. Er soll sich elastisch anfühlen. Sollte er an den Händen kleben, noch etwas Mehl einarbeiten. Den Teig beiseitestellen. Die Äpfel waschen, abtrocknen und mit dem Apfelausstecher die Kerngehäuse ausstechen. Das eine Ende jeden Apfels mit einem kleinen Stück Marzipanrohmasse verschließen und die Äpfel nach Belieben mit Rosinen und/oder Nüssen oder mit Schokoaufstrich (Zimmertemperatur; evtl. etwas erwärmen, damit die Masse flüssig wird) füllen. Dabei die Füllung etwas mit dem Finger hineindrücken.

Zum Schluss die noch freie Öffnung mit einem Stück Marzipan verschließen. Den Backofen auf 160 °C Ober- und Unterhitze vorheizen. Den Teig kurz noch einmal durchkneten und in zwei Stücke teilen. Ein Teigstück auf einer bemehlten Arbeitsplatte dünn ausrollen. Einen Apfel daraufsetzen und mit einem Messer einen Teigkreis darum herum ausschneiden. Der Durchmesser des Kreises muss groß genug sein, um den Teig nach oben um den Apfel zu klappen und ihn ganz zu bedecken. Eventuelle Lücken im Teig dabei etwas übereinanderziehen und gut andrücken. So mit dem restlichen Teig und allen Äpfeln verfahren. Die Äpfel im Schlafrock 35 – 40 Minuten backen, bis die Teighülle goldbraun aussieht.

! Am besten schmecken die Äpfel im Schlafrock, wenn sie noch warm in heißer Vanillesauce mit Rosinen und Nüssen serviert werden. Für Kinder kann man die Rosinen statt in Rum in Apfelsaft einlegen.

Französische Zitronentarte

Zutaten
Für den Teig:

125 g gekühlte Butter
100 g Zucker
1 gekühltes Ei
250 g Mehl
2 EL Eiswasser

Für die Füllung:

2 unbehandelte Zitronen
150 g Butter
150 g Zucker
3 Eier
100 g abgezogene, gemahlene Mandeln
500 g Himbeeren (frisch oder gefroren)
4 EL Puderzucker

Mürbeteig: Teigzutaten verkneten, aus dem Teig eine Kugel formen und eine halbe Stunde im Kühlschrank ruhen lassen. Eine Tarteform (26 – 28 cm Durch-messer) einfetten. Den Teig dünn ausrollen und in die Form legen, dabei den Rand etwas andrücken; was überlappt, abschneiden.

Füllung: Butter schmelzen. Von einer der Zitronen die Schale dünn abreiben, dann beide Zitronen auspressen. Eier mit Zucker schaumig schlagen, dann geriebene Zitronenschale, Zitronensaft, flüssige Butter und Mandeln dazugeben und verrühren. Die Füllung auf den Mürbeteigboden gießen.

Backzeit: Die Tarte ca. 30 Minuten bei 150 °C Umluft im vorgeheizten Ofen backen. Nach der Hälfte der Backzeit evtl. mit etwas Alufolie abdecken, damit sie nicht zu dunkel wird. In der Form auskühlen lassen und servieren.

Himbeerkompott: Die Himbeeren mit Puderzucker bestreuen und durchziehen lassen (die gefrorenen müssen auftauen). 3 – 4 Esslöffel der Himbeeren pürieren und dieses Püree mit den restlichen Beeren vermischen.

Fertigstellung: Servieren Sie jedes Stück Tarte mit Himbeerkompott und geschlagener Sahne.

„Säst du im März zu früh,
ist es leicht vergebene Müh."

März

Feine Knoblauchsuppe	42
Feine Kressecremesuppe	42
Kartoffelbaumkuchen	43
Kartoffelsalat mit Remouladensauce	44
Rucolasalat mit frittiertem Hähnchen	45
Gefüllte Lammlachse mit Pilz-Walnuss-Kruste	46
Gefüllte Pilz-Crêpes mit Käsekruste	48
Geröstete Rosmarinkartoffeln mit Zitronenhuhn	49
Sauerkraut-Eintopf	50
Crème brûlée	51
Luftig-leichte Apfelmousse	51
Orangencremetorte	52
Campari-Orangen-Gelee	53
Pink-Grapefruit-Marmelade	53

> Der besondere Küchentipp im März:
> *Gefüllte Lammlachse mit Pilz-Walnuss-Kruste*
> *Orangencremetorte*

Brücke zwischen Winter und Frühling

Im Monat März – benannt nach dem römischen Kriegsgott Mars – ist der Frühling in greifbare Nähe gerückt – am 21. des Monats hält er offiziell Einzug. Aber noch hat das Wetter etwas „Kriegerisches": Mars lässt grüßen. Heftige Regenfälle, ein kalter Wind, der über die Felder und um die Häuser pfeift, sind für den 3. Monat im Jahr nicht ungewöhnlich – genauso wenig wie auch frühlingshafte wärmende Temperaturen. Im März wird die Winterzeit auf Sommerzeit umgestellt.

Im März beginnt das Gartenjahr. Die „Zeichen" stehen auf Neuanfang. Der Boden erwärmt sich, und es ist an der Zeit, es dem Bauern im bekannten Volkslied, der mit angespannten Rösslein seine Felder und Wiesen instand setzt, „egget, pflügt und sät", nachzutun und mit dem Pflanzen zu beginnen. Die Saison für klassisches Wintergemüse neigt sich dem Ende entgegen. Die deftige Küche, bevorzugt bei kalten Temperaturen, macht einer zwar ebenso sättigenden, aber leichteren Küche Platz. Grüne Blattsalate wie Eichblatt-, Eisberg- und Kopfsalat machen Lust auf die warmen Jahreszeiten Frühling und Sommer. „Star des Monats März" ist der Rucola, auch Rauke, Rugola, Runke oder Senfkohl

März

genannt. Er ist arm an Kalorien, liefert aber eine geballte Portion an gesunden Nährstoffen. Calcium, Vitamin C und Betakarotin – ein wichtiges Antioxidans – sind ebenso enthalten wie Senföle und aromatische Bitterstoffe, die eine bakterientötende und die Abwehrkräfte stärkende Wirkung haben. In Sachen Nährstoffe hat die Rauke den anderen Blattsalaten einiges voraus.

Ein Gang über den Markt, der frische regionale Produkte anbietet, lohnt sich auch im März in jedem Fall. Feine Kräuter, Kartoffeln, Blattsalate und Pilze locken u. a., in der Küche kreativ zu sein. Die Feine Kressecremesuppe von Seite 42 könnte als Entrée fungieren, gefolgt von einem Rucolasalat mit frittiertem Hähnchen, Seite 45. Als Hauptspeise bieten sich Gefüllte Pilz-Crêpes mit Käsekruste auf Seite 48 an. Die Luftig-leichte Apfelmousse von Seite 51 beschließt dieses köstliche März-Menü.

Zum Ausklang des Monats März freut man sich auf das nahende Osterfest und darauf, endlich den Winter zu verabschieden.

Feine Knoblauchsuppe

Kartoffeln schälen, abwaschen und klein würfeln. Knoblauch abziehen, klein hacken und in einem Topf im Öl leicht anbräunen. Die Kartoffeln und geraspelten Möhren dazugeben. Das Ganze mit Thymian würzen, salzen und pfeffern.

Den Topf mit so viel Wasser auffüllen, dass Kartoffeln und Möhren bedeckt sind. 30 Minuten kochen lassen, dann vom Herd nehmen und pürieren.

Das Brot rösten, auf den Tellern anrichten, den Gruyère darüberraspeln und die Suppe heiß darübergießen.

Zutaten
für 6 Personen

500 g Kartoffeln in Würfeln
100 g geräucherter Knoblauch
2 Möhren, geraspelt
Thymian
6 Scheiben Bauernbrot
100 g Gruyère
1 EL Öl
Salz, Pfeffer

Feine Kressecremesuppe

Die Kresse waschen und die groben Stiele entfernen. Die Zwiebel abziehen und klein hacken. Kartoffeln schälen und klein würfeln.

Die Zwiebelstückchen in der Margarine anschwitzen, Kartoffel- und Suppenwürfel dazugeben. Ein Liter Wasser angießen, salzen, pfeffern und zugedeckt 40 Minuten kochen lassen. Danach mit einem feinem Messer überprüfen, ob die Kartoffelwürfel gar sind.

Anschließend den Topf von der Platte nehmen und das Ganze fein pürieren. Die Sahne dazugeben und sofort servieren.

Zutaten
für 6 Personen

2 Beete Kresse
4 Kartoffeln
1 Zwiebel
3 EL dickflüssige Sahne (Fettgehalt mind. 48 %)
1 Suppenwürfel
1 nussgroßes Stück Margarine
Salz, Pfeffer

Kartoffelbaumkuchen

Kartoffeln schälen, waschen und in Salzwasser ca. 20 Minuten garen. Abgießen und durch eine Kartoffelpresse drücken. Mehl und Stärke darübersieben, die Eier trennen. Butter mit Eigelb schaumig rühren, dann die Kartoffeln und Crème fraîche unter die Butter-Eigelb-Masse rühren.

Eiweiß mit einer Prise Salz steif schlagen und nach und nach vorsichtig unter die Kartoffelmasse ziehen. Mit Salz, Pfeffer, Safran und Muskatnuss würzen.

Eine Kastenform mit Butter einfetten. Für die erste Schicht den Kartoffelteig 1 cm dick in die Kastenform streichen und unter dem vorgeheizten Backofengrill bei 240 °C ca. 2 – 5 Minuten überbacken (Gas: Stufe 6, Umluft 220 °C). Den restlichen Teig nach und nach in weiteren Schichten aufstreichen und ebenso überbacken.

Den Kartoffelbaumkuchen aus der Form lösen und in Scheiben schneiden.

Zutaten
für 4 Personen

350 g Kartoffeln (mehligkochend)
40 g Mehl
60 g Speisestärke
4 Eier
75 g weiche Butter
75 g Crème fraîche
1 Döschen Safran (gemahlen)
¼ TL Muskatnuss (gerieben)
Salz, Pfeffer
Butter für die Form

Kartoffelsalat mit Remouladensauce

Zutaten
für 8 Personen

| 1,6 kg Kartoffeln (festkochend) |
| 2 mittelgroße Zwiebeln |
| ¼ l Gemüsebrühe (Instant) |
| ca. 4 EL Weißweinessig |
| 4 Eier (Größe M) |
| 100 g Gewürzgurken |
| ½ Bund Petersilie |
| ½ Bund Schnittlauch |
| 30 g Kapern |
| 500 g cremiger Vollmilch-Joghurt |
| 200 g Salatmayonnaise |
| Salz, Pfeffer |

Zwiebeln abziehen und fein würfeln. Kartoffeln waschen und zugedeckt in kochendem Salzwasser ca. 20 Minuten garen. Kartoffeln abgießen, unter kaltem Wasser abschrecken und abtropfen lassen. Kartoffeln pellen und in Scheiben schneiden.

Brühe, Essig, Zwiebelwürfel, 1 Prise Salz und Pfeffer in einem Topf erhitzen. Die heiße Vinaigrette über die lauwarmen Kartoffelscheiben gießen und gut vermengen. Durchziehen und auskühlen lassen.

Die Eier anstechen und in reichlich kochendem Wasser ca. 10 Minuten hart kochen. Dann unter kaltem Wasser abschrecken und auskühlen lassen. Die Gewürzgurken fein würfeln. Die Kräuter waschen und trocken schütteln. Petersilie hacken, den Schnittlauch in feine Röllchen schneiden. Die Eier schälen und fein würfeln. Kapern abtropfen lassen.

Für die Remouladensauce Joghurt und Mayonnaise verrühren, mit 1 Prise Salz und Pfeffer würzen. Mit den übrigen Kräutern, Gurken, Eiern und Kapern verrühren. Die Remouladensauce zum Kartoffelsalat geben, gut vermengen und nochmals 1 Stunde durchziehen lassen.

Rucolasalat mit frittiertem Hähnchen

Die Hähnchenbrust würfeln und mit Mehl, Salz und Pfeffer in eine Frischhaltedose geben und verschließen. Gründlich schütteln, damit das Hühnchenfleisch gut bemehlt wird. Die Eier mit einer Gabel leicht verschlagen. Dann die Fleischwürfel durch das verschlagene Ei ziehen und in den Semmelbröseln wälzen. Kühl stellen.

Öl und Essig in einer kleinen Schüssel verrühren und beiseitestellen.

Den Rucola verlesen, waschen, trocken schleudern und grobe Stiele entfernen. Die Radieschen waschen, putzen und in feine Scheibchen schneiden. Die Salatgurke waschen, entkernen, in Streifen schneiden und diese vierteln. Dann die Lauchzwiebel putzen, waschen, in kleine Stücke schneiden. Alle Zutaten in eine große Salatschüssel geben, gut vermengen und beiseitestellen.

Das Öl zum Frittieren in einen großen Topf geben und erhitzen. Die panierten Hähnchenbrustwürfel im heißen Öl etwa 3 bis 4 Minuten knusprig braun frittieren. Währenddessen den Rucolasalat mit der Vinaigrette vermischen, auf Tellern anrichten, dann mit Salz und Pfeffer würzen. Das Hühnchenfleisch auf Küchenkrepp abtropfen lassen, dann zum Salat geben und servieren.

Zutaten
für 4 Personen

350 g Hähnchenbrust
50 g Mehl
2 Eier
200 g Semmelbrösel
4 EL Öl
2 EL Weinessig
125 g Rucola (Rauke)
10 Radieschen
½ Salatgurke
1 Lauchzwiebel
400 ml Öl zum Frittieren
Salz, Pfeffer

! Besonders würzig schmecken die frittierten Hähnchenbrustwürfel, wenn man die Semmelbrösel vorher mit Curry- und Paprikapulver würzt.

Gefüllte Lammlachse mit Pilz-Walnuss-Kruste

Für die Pilz-Walnuss-Kruste die Hälfte der Butter erhitzen und die klein gehackte Schalotte und die Knoblauchzehe darin kurz dünsten. Dann die Hitze erhöhen, die restliche Butter sowie die klein geschnittenen Champignons hinzufügen und das Ganze weitere 3 – 4 Minuten dünsten. Wenn die Pilze Saft ziehen, diesen vollständig verdampfen lassen. Die Pilze anschließend salzen, pfeffern und auskühlen lassen.

Den Pecorino entrinden und fein reiben. Schnittlauch waschen, trocken tupfen, in Röllchen schneiden und mit dem Paniermehl und Käse in eine Schüssel geben. Die Champignons und Walnusskerne dazugeben, alles gut vermischen und beiseitestellen.

Den Backofen auf 220 °C Ober-/Unterhitze vorheizen. Die Lammlachse waschen, trocken tupfen und mit einem Wetzstahl jeweils eine gleichmäßige Vertiefung hineindrehen. Die Fleischtomate waschen, vom Strunk befreien und fein hacken. Den Schafskäse klein schneiden. Die Thymianblätter von den Zweigen zupfen und wie die gepellten Knoblauchzehen klein hacken. Das Toastbrot zu Bröseln zerrupfen. Dann Knoblauch, Tomate, Thymianblätter, Salz, Pfeffer, Sahne und die Toastbrotbrösel zu einer glatten Füllung vermengen. Die Lammlachse mit dieser Masse füllen und mit Zahnstochern verschließen.

Olivenöl in der Pfanne erhitzen und die Lammlachse goldbraun anbraten. Dann wieder aus der Pfanne nehmen, etwas abkühlen lassen, die Pilz-Walnuss-Masse darauf verteilen und fest andrücken. Anschließend das Fleisch auf ein Backblech geben und im Backofen überbacken, bis die Pilz-Walnuss-Kruste appetitlich gebräunt ist.

Zutaten
für 4 Personen

Für die Lammlachse:
4 Lammlachse à 150 g
1 Fleischtomate
400 g weicher Schafskäse (hohe Fettstufe)
5 Zweige Thymian
3 Knoblauchzehen
1 Scheibe Toastbrot
etwas süße Sahne
Olivenöl zum Anbraten
Salz
schwarzer Pfeffer aus der Mühle

Für die Pilz-Walnuss-Kruste:
100 g Butter
1 kleine Schalotte
1 Knoblauchzehe
300 g braune Champignons
200 g Pecorino oder Parmesan, gerieben
2 Bund Schnittlauch
100 g Paniermehl
50 g gehackte Walnusskerne
Salz, Pfeffer

! Auch zu Geflügel, Rind, Schwein, Fasan oder Gemüse passt die Pilz-Walnuss-Kruste sehr gut.

47

Gefüllte Pilz-Crêpes mit Käsekruste

Für den Crêpeteig Butter (1 EL) schmelzen lassen. Das Mehl mit Zucker und einer kräftigen Prise Salz in eine Schüssel geben. Eier, Milch und 100 ml kaltes Wasser verquirlen und unter das Mehl rühren. Die lauwarme flüssige Butter unterrühren. Die Thymianblättchen von 2 Zweigen abzupfen und ebenfalls unterrühren. Den Teig beiseitestellen und 20 Minuten quellen lassen.

In einer Pfanne Butter (1 EL) aufschäumen lassen und eine kleine Kelle Teig hineingeben. Die Pfanne dabei schwenken, so dass sich der Teig gleichmäßig verteilt. Die Crêpe von der einen Seite goldgelb backen, dann wenden, diese Seite ebenfalls goldgelb backen und auf einem Teller ablegen. Aus dem restlichen Teig weitere 7 Crêpes backen.

Für die Füllung die Pilze gründlich putzen und in Scheiben schneiden. Den Schinken in Streifen schneiden. Dann in einer Pfanne Butter (2 EL) erhitzen und die Pilze darin kräftig anbraten, salzen und pfeffern. Anschließend in eine Schüssel geben.

Die Schinkenstreifen zusammen mit der Crème fraîche zu den Pilzen geben. Den Backofen auf Grillstufe vorheizen und den Brie in dünne Scheiben schneiden. Auf jede Crêpe etwas von der Pilzfüllung geben und die Crêpe 2-mal falten. Die gefüllten Crêpes anschließend auf ein Backblech geben und auf jede Crêpe 2 Scheiben Brie legen. Mit dem restlichen Thymian bestreuen. Unter dem heißen Grill kurz überbacken, bis der Käse schmilzt. Sofort servieren.

Zutaten
für 4 Personen

- 4 EL Butter
- 150 g Mehl
- 1 TL Zucker
- Salz
- 4 Eier
- 300 ml Milch
- 5 kleine Zweige Thymian
- 200 g Steinpilze
- 200 g Champignons
- Pfeffer
- 100 g Rohschinken
- 150 g Crème fraîche
- 150 g Brie

Geröstete Rosmarinkartoffeln mit Zitronenhuhn

Das Huhn gründlich waschen, mit Küchenkrepp trocken tupfen und sowohl innen wie außen reichlich mit Salz und Pfeffer einreiben. Den Backofen auf 190 °C Ober- und Unterhitze vorheizen.

Die Kartoffeln schälen, waschen und vierteln. Die ungeschälte Knoblauchknolle in Zehen zerteilen. In einem großen Topf Salzwasser zum Kochen bringen und Kartoffeln, Knoblauchzehen und die Zitrone 10 Minuten darin kochen. Durch ein Sieb abgießen und ausdampfen lassen.

Die Zitrone ein paarmal vorsichtig anstechen. Das Huhn rundherum mit Olivenöl einreiben. Knoblauch, Zitrone und Thymian in das Huhn hineinstopfen. Dann in einen Bräter legen und im Ofen 45 Minuten braten. Das Huhn anschließend herausnehmen und auf einem Teller beiseitestellen.

Die Rosmarinnadeln abzupfen. Zusammen mit den Kartoffeln im Bratfett des Huhns wenden. Danach das Huhn wieder in die Mitte des Bräters legen und für weitere 45 Minuten in den Backofen geben, bis die Kartoffeln goldbraun sind. Sollte das Huhn vor Ende der Garzeit zu dunkel werden, zwischendurch mit Folie bedecken, diese dann aber wieder abnehmen, damit das Huhn knusprig wird und bleibt.

Zutaten
für 4 Personen

1 Bio-Brathuhn

2 kg Kartoffeln (festkochend)

1 ganze Knoblauchknolle

1 unbehandelte Zitrone

Olivenöl

1 Bund frischer Thymian

½ Bund Rosmarin

Meersalz, Pfeffer

Sauerkraut-Eintopf

Die Kartoffeln schälen und waschen, die Zwiebel abziehen. Beides in Würfel schneiden. In einem Topf die Kartoffeln in 2 EL Öl leicht anbraten, dann die Zwiebelwürfel hinzugeben und alles andünsten. Das Gemüse mit der Brühe aufgießen und gehackte Tomaten, Salz, Pfeffer und Paprikapulver in den Topf geben. Alles gut vermengen und 10 Minuten garen.

Danach Sauerkraut und Knoblauch untermischen und weitere 20 Minuten auf mittlerer Hitze köcheln lassen.

Die Bratwürste währenddessen aufschneiden und die Füllung mit leicht angefeuchteten Händen zu kleinen Bällchen formen. In 2 EL Öl in einer Pfanne rundherum 4–5 Minuten goldbraun braten und kurz vor Ende der Garzeit zum Eintopf geben. Heiß servieren.

Zutaten
für 4 Personen

500 g Kartoffeln
1 Zwiebel
4 EL Öl
500 ml Brühe
1 Dose gehackte Tomaten
Salz, Pfeffer
Paprikapulver
400 g Sauerkraut
1 Knoblauchzehe
4 rohe Bratwürste

! Wer die vegetarische Variante vorzieht, lässt die Bratwürste einfach weg. Auch ohne Fleischeinlage ist dieser Eintopf sehr schmackhaft.

Crème brûlée

Den Backofen auf 90 °C (Stufe 3) vorheizen. Die Vanilleschote halbieren und das Vanillemark mit einem spitzen Messer herauskratzen. Die Sahne in einen Topf geben und zusammen mit dem Vanillemark aufkochen lassen. Mit einem Schneebesen das Eigelb mit dem Zucker in einem Topf weiß-schaumig aufschlagen. Dann die heiße Sahne-Vanille-Mischung darübergeben. Die Masse nicht weiter aufschlagen, damit sie nicht zu schäumen beginnt. Dann das Ganze in 6 feuerfeste Schälchen gießen, 15 Minuten ruhen und für 1 Stunde im heißen Backofen stocken lassen. Aus dem Ofen nehmen, erkalten lassen und anschließend für mindestens 2 Stunden in den Kühlschrank stellen.

Kurz vor dem Servieren die Crème mit braunem Zucker bestreuen und mit einem kleinen Bunsenbrenner goldbraun karamellisieren. Nach Belieben mit roten Beeren dekorieren.

Zutaten
für 6 Personen

600 ml Sahne
5 Eigelb
120 g Zucker
1 Vanilleschote
6 EL brauner Zucker

Luftig-leichte Apfelmousse

Den Hüttenkäse in ein Sieb geben, mit einem Geschirrtuch abdecken und mindestens 4 Stunden abtropfen lassen.

Die Äpfel schälen, vom Kerngehäuse befreien und in kleine Stücke schneiden. Anschließend in einen Topf mit etwas Wasser geben, den Zimt hinzufügen. Dann bei geringer Hitze etwa 20 Minuten kochen lassen. Anschließend mit einer Gabel zerdrücken und die Masse erkalten lassen. Jetzt den gut abgetropften Hüttenkäse dazugeben.

Das Eiweiß zu festem Schnee schlagen. Sobald es schaumig wird, den Zucker hinzugeben und weiterschlagen. Den Eischnee vorsichtig unter die Apfel-Hüttenkäse-Mischung ziehen. Auf 6 Dessertgläser oder -schälchen verteilen und für mindestens 2 Stunden kalt stellen. Vor dem Servieren mit etwas Zimt bestäuben und mit Zimtstangen dekorieren.

Zutaten
für 6 Personen

3 Äpfel
9 EL Hüttenkäse
3 Eiweiß
60 g Zucker
½ TL Zimt

Orangencremetorte

Orangencreme: Butter, Zucker und Eigelb schaumig schlagen. Flüssige Sahne, Aquavit und Mandeln hinzufügen und alles gut verrühren. Den Schalenabrieb einer Orange dazugeben, nochmals umrühren. Restliche Orangen schälen und filettieren oder in Scheiben schneiden.

Fertigstellung: Löffelbiskuits ganz kurz in Milch tunken und anschließend in einer großen Schüssel mit hohem Rand (ca. 25 – 26 cm Ø) auslegen. Die Hälfte der Orangencreme daraufgeben, dann eine Lage Orangenfilets oder -scheiben und wieder eingeweichte Löffelbiskuits daraufschichten. Die restliche Orangencreme darauf verstreichen und mit dem letzten Löffelbiskuit abdecken.

Dekoration: Bis zum Servieren kalt stellen (mindestens 12 Std. kühlen, damit sie fest wird und sich stürzen lässt). Nach dem Stürzen mit geschlagener Sahne und Orangenstückchen dekorieren.

Zutaten

250 g Butter
150 g Puderzucker
250 g gehackte Mandeln
6 Eigelb
4 EL flüssige Sahne
3 – 4 EL Aquavit
60 Löffelbiskuits
4 – 5 Orangen (unbehandelt)
250 ml Sahne zum Garnieren

Campari-Orangen-Gelee

Die Orange heiß abwaschen, trocken reiben und in 5 mm dünne Scheiben schneiden. 200 ml Orangensaft mit dem Zucker aufkochen und die Orangenscheiben darin köcheln lassen, bis sie glasig werden. Beiseitestellen.

Den restlichen Orangensaft, den Gelierzucker, den Zitronensaft und den Campari in einen großen Topf geben und aufkochen. Unter ständigem Rühren 4 Minuten sprudelnd kochen lassen. Die Gelierprobe machen.

Das heiße Gelee randvoll in die sauberen, heiß gespülten Gläser füllen und in jedes Glas eine Orangenscheibe geben. Die Gläser fest verschließen und mehrmals alle 5 Minuten umdrehen, damit die Orangenscheiben nicht zuoberst liegen.

Zutaten
für ca. 6 Gläser à 220 ml Inhalt

- 1 unbehandelte Orange
- 800 ml Orangensaft
- 100 g Zucker
- 900 g Gelierzucker tropic 1:1
- 100 ml Zitronensaft
- 100 ml Campari

Pink-Grapefruit-Marmelade

Zunächst 2 Grapefruits und die Zitrone heiß abwaschen und trocken reiben. Mit einem Zestenreißer die Schalen in sehr feinen Streifen abziehen. Dann alle Grapefruits und die Zitrone auspressen und 1 000 ml Saft mit dem beim Auspressen anfallenden Fruchtfleisch abmessen. Sorgfältig die Kerne entfernen. Die Zesten mit 200 ml von dem gepressten Saft etwa 5 Minuten weich kochen.

Dann den restlichen Saft mit dem Fruchtfleisch (800 ml) zusammen mit dem Gelierzucker aufkochen. 4 Minuten sprudelnd kochen lassen, dabei ständig umrühren. Die Gelierprobe machen. Von der heißen Herdplatte ziehen und den Orangenlikör unterrühren. Die heiße Marmelade randvoll in die sauberen, heiß ausgespülten Gläser füllen. Diese fest verschließen und für 5 Minuten auf den Deckel stellen.

Zutaten
für ca. 6 Gläser à 220 ml Inhalt

- ca. 8 rosa Grapefruits, davon 2 unbeh.
- 1 unbeh. Zitrone
- 1 000 g Gelierzucker tropic 1:1
- 4 cl Orangenlikör (nach Belieben)

„Aprilensturm und Regenwucht
kündet Wein und gold'ne Frucht."

April

Feine Pilzcremesuppe	58
Blattsalate an warmem Ziegenkäse	59
Nudelsalat mit Austernpilzen & Spinat	60
Kalbsbraten mit Marsala	61
Lammrücken im Schinkenmantel	62
Lachs-Spinat-Lasagne	64
Rinderbraten „Boeuf à la mode"	65
Bayerische Creme „Normandie"	66
Möhrentorte	67
Zitronen-Himbeer-Sahnetorte	68
Kiwikonfitüre	69
Rhabarberkonfitüre	69

> Der besondere Küchentipp im April:
>
> *Blattsalate an warmem Ziegenkäse*
>
> *Lachs-Spinat-Lasagne*

Der Winter wird verabschiedet

Eine veraltete Bezeichnung für den Monat April ist „Ostermond" oder auch „Ostermonat". Ostern gehört zu den beweglichen Feiertagen und liegt meistens im April. Jeder, der das Osterdatum für ein gegebenes Jahr ermitteln möchte, kann dieses mit Hilfe der Osterformel eines gewissen Herrn Gauß präzise berechnen. Das Osterfest ist ein Highlight im „unberechenbaren" und deshalb manchmal unbeliebten April, der zwar als Frühlingsmonat gilt, aber „wettertechnisch" oft noch Kapriolen schlägt. Schneegestöber und Minustemperaturen zu Ostern – fürs Zähneklappern beim „Osterhasen" ist in diesem Fall gesorgt.

Ostern ist das Fest vieler Gebräuche und Traditionen. Dazu gehören die Osterfeuer, die am Abend des Ostersonntags entzündet werden. Sie sind Symbol des Neuanfangs und sollen den Winter endgültig vertreiben. Knisternd lodern sie in der Dunkelheit und verbreiten ihren wunderbaren Duft von brennendem Holz. Osterzweige werden mit phantasievoll bunt gefärbten oder bemalten Eiern dekoriert und Schokoladeneier für die Kinder im ersten Grün versteckt.

April

An den Osterfeiertagen gehört es in den Familien ebenfalls zur Tradition, viel Zeit miteinander zu verbringen. Gutes Essen und üppige Torten auf dem österlichen Kaffeetisch gehören dann unbedingt dazu. Als klassisches Ostergericht empfiehlt sich der Lammrücken im Schinkenmantel (Seite 62) und zum Kaffee die Möhrentorte (Seite 67) – nicht allein wegen ihrer österlichen Häschen-Dekoration, sondern weil sie einfach wunderbar schmeckt.

Im April wird der erste Spargel aus heimischem Boden gestochen, die Saison dieses königlichen Gemüses läuft langsam an. Im Obstangebot gibt es den ersten Freilandrhabarber. Rhabarber lässt sich sowohl roh und ungeschält als auch als Kompott einfrieren. Regnerisches Aprilwetter kann man hervorragend nutzen, um jede Menge Rhabarber für die leckere Rhabarberkonfitüre von Seite 69 einzukochen. So braucht man – je nach „Fleiß" und produzierter Menge natürlich – in den nächsten 12 Monaten nicht auf dieses köstliche pektin-, kalium- und eisenhaltige Obst zu verzichten.

Feine Pilzcremesuppe

Zutaten
für 4–5 Personen

| 600 g Pilze (z. B. Champignons, Steinpilze, Pfifferlinge) |
| 300 ml Rindsbouillon |
| 100 g Crème fraîche |
| 20 g Butter |
| 1 kleine Zwiebel |
| 1 Knoblauchzehe |
| glatte Petersilie |
| 1 Muskatnuss |
| Salz, Pfeffer |
| getrockneter Thymian, Walnussöl |

Für die Einbrenne:

| 600 ml Milch |
| 20 g Butter |
| 20 g Mehl |

Die Pilze gründlich putzen und abspülen. Für die Garnitur etwa 100 Gramm beiseitelegen, die übrigen Pilze vierteln. Die Zwiebel pellen und klein würfeln. Den Knoblauch schälen, halbieren, vom Keim befreien und klein hacken. Die Petersilie waschen, die Blätter abzupfen und fein schneiden.

In einer Pfanne die Pilze in Butter anschwitzen. Dann die Zwiebelwürfel, Knoblauch sowie eine Prise Thymian und Salz hinzufügen. Das Ganze auf mittlerer Hitze etwa 10 Minuten zugedeckt köcheln lassen.

Für die Einbrenne in einem Topf Butter schmelzen und dann Mehl hinzugeben. Die Mehlschwitze bei ständigem Rühren mit einem Schneebesen etwa eine Minute aufkochen. Milch hinzufügen, bei mittlerer Hitze aufkochen und glatt rühren.

Dann die Rindsbouillon unter ständigem Rühren zugießen sowie die Crème fraîche und die angeschwitzten Pilze hinzugeben. Alles gut verrühren, vom Herd nehmen und mit einem Mixer pürieren. Nach Belieben mit Brühe verlängern, wenn die Suppe zu sämig geraten ist. Mit Salz, Pfeffer und geriebenem Muskat abschmecken und auf kleiner Hitze wieder erwärmen. Die noch verbliebenen Pilze in feine Scheiben schneiden und zur Suppe geben.

Vor dem Servieren einige Tropfen Walnussöl in die Suppe geben und diese mit Petersilie dekorieren.

Blattsalate an warmem Ziegenkäse

Für die Vinaigrette zunächst Senf und Essig in einer Schüssel verrühren. Dann das Öl während des Rührens tropfenweise unterschlagen. Mit Salz und Pfeffer würzen.

Die Blattsalate waschen, putzen und in mundgerechte Stücke zupfen. Anschließend auf vier kleinen Tellern anrichten und die Vinaigrette darübergeben.

Den Backofengrill vorheizen. Dann die Brotscheiben jeweils halbieren und auf einem mit Backpapier ausgelegten Blech auf der mittleren Schiene im heißen Ofen eine Minute bräunen. Wieder aus dem Ofen nehmen und jede Brotscheibenhälfte mit einem halben Ziegenkäse belegen. Danach wieder für 1–2 Minuten in den Backofen schieben. Anschließend auf den Tellern anrichten und noch heiß servieren.

Variation: Vor dem Überbacken jede Brotscheibe mit einem Viertel einer Aprikose oder Birne belegen. Eine weitere süße Variante: Das Brot vor dem Überbacken mit Honig bestreichen, den Ziegenkäse daraufsetzen und mit Pinienkernen bestreuen.

Zutaten
für 4 Personen

2 Ziegenrohmilchkäse (halbfest)
2 Scheiben Bauernbrot
verschiedene Blattsalate (z. B. Feldsalat, Rauke, Eichblatt, Endivie)

Für die Vinaigrette:

1 TL Dijonsenf
3 EL Weinessig
3 EL Olivenöl
Salz, Pfeffer

Nudelsalat mit Austernpilzen & Spinat

Zutaten
für 4 Personen

1 Knoblauchzehe
1 Stück frischer Ingwer (ca. 20 g)
4 EL Olivenöl
100 ml Sojasauce
3 EL gerösteter Sesam
300 g Austernpilze
180 g asiatische Eiernudeln
80 g Cashewkerne (geröstet, gesalzen)
3 Frühlingszwiebeln
1 Bund frischer Koriander
150 g junger Spinat
2 EL Limettensaft

Knoblauch und Ingwer schälen und fein hacken. 1 EL Öl in der Pfanne erhitzen und den Knoblauch darin kurz anbraten. Mit Ingwer, etwas Sojasauce und dem Sesam mischen. Anschließend alles in eine Schüssel geben.

Die Austernpilze gründlich putzen, von den Stielen befreien und in längliche, dünne Scheiben schneiden. Dann die Pilzköpfe je nach Größe mundgerecht halbieren oder dritteln. Die Pilze mit Sojasauce mischen und ca. 30 Minuten marinieren, dabei gelegentlich umrühren.

Die Nudeln nach Packungsanweisung in Salzwasser garen, abtropfen lassen und zu den Pilzen in die Schüssel geben.

Die Cashewkerne grob hacken. Die Frühlingszwiebeln putzen, waschen, trocken tupfen und schräg in dünne Ringe schneiden. Die Korianderblätter abzupfen und grob schneiden. Den Spinat abspülen und trocken tupfen. Die restlichen Zutaten zu der Nudel-Pilz-Mischung geben und mit Limettensaft abschmecken.

!
● Dazu schmeckt eine Ente vom Grill, mit einem Hauch Zimt gewürzt.

Kalbsbraten mit Marsala

Zutaten
für 6 Personen

2 EL Olivenöl

Abrieb von 1 Bio-Zitrone

Abrieb von ½ Bio-Orange

5 EL Marsala

Salz, Pfeffer, Muskat

1,3 kg Kalbsschulter

2 Zwiebeln

2 Knoblauchzehen

400 ml Kalbsfond

Für die Sauce:

50 ml Marsala

4 EL eisgekühlte Butter

1 EL Thymianblättchen

Zitronenschale

Salz, Pfeffer

Außerdem:

Küchengarn

Aus Öl, Zitronenschale, Orangenschale, Marsala, Salz, Pfeffer und Muskat eine Marinade zubereiten. Das Fleisch rundherum damit einmassieren und mindestens 1 Stunde ziehen lassen.

Zwiebeln und Knoblauchzehen abziehen und würfeln. Zwiebel- und Knoblauchwürfel in einer Auflaufform verteilen, das Fleisch darauf setzen und den Kalbsfond angießen.

Den Backofen auf 220 °C (Umluft) vorheizen. Die Auflaufform mit dem Fleisch für 15 Minuten auf die untere Schiene in den Backofen stellen. Nach 15 Minuten die Temperatur auf 150 °C reduzieren (am besten den Wecker stellen), das Fleisch auf die mittlere Schiene setzen und weitere 60 Minuten garen. Dann den Backofen ausschalten und den Braten für weitere 10 Minuten im Backofen ruhen lassen.

Für die Sauce den Bratenfond in einen Topf geben, Marsala angießen, aufkochen und pürieren. Die kalte Butter flöckchenweise mit dem Stabmixer unterrühren und die Sauce mit Thymian, Salz, Pfeffer und Zitronenschale abschmecken.

Das Fleisch tranchieren, auf den Tellern anrichten und mit der Sauce nappieren.

! ● Dazu sind glasierte Möhren, Petersilienwurzeln oder Pastinaken perfekte Beilagen. Ein luftiges Kartoffelpüree ergänzt das Gericht wunderbar.

Lammrücken im Schinkenmantel

Die Lammlachse waschen, mit Küchenkrepp trocken tupfen und mit Salz und Pfeffer würzen. In einer Pfanne Öl erhitzen und die Lammlachse auf mittlerer Stufe von allen Seiten kurz anbraten. Die Pfanne mit dem Bratensatz beiseitestellen. Dieser wird später für die Zubereitung der Sauce benötigt.

Die Hühnchenbrust waschen, mit Küchenkrepp trocken tupfen und fein würfeln. Mit Salz und Pfeffer würzen und in eine Schüssel geben. Die Petersilie grob hacken und ebenfalls hinzufügen. Das Ganze kurz ins Gefrierfach stellen, damit die Masse beim Pürieren nicht gerinnt. Dann mit dem Mixer oder in einer Küchenmaschine pürieren und die Sahne langsam dazugießen. So lange pürieren, bis eine homogene Masse (Farce) entstanden ist.

Alufolie auf die Länge des Lammrückens (Lachse der Länge nach nebeneinandergelegt) zurechtschneiden. An beiden Enden soll die Folie 5 cm überstehen und insgesamt ca. 20 cm breit sein. Den Schinken in gleichmäßigem Abstand, teilweise überlappend, über die Länge des Lammrückens auf die Folie legen. Dünn mit der Hühnchenfarce bestreichen. Die Lammlachse mittig daraufsetzen und mit Hilfe der Folie fest zusammenrollen. Folie wieder entfernen und im vorgeheizten Backofen bei ca. 130 °C 15 Minuten garen. Bei ca. 80 °C 45 Minuten ruhen lassen (Umluft oder Ober- und Unterhitze).

Für die Sauce Zwiebeln und Knoblauch abziehen und würfeln. Im Bratensatz der Lammlachse in Butter anschwitzen. Pfeffer und Thymian dazugeben, mit dem Spätburgunder ablöschen und aufkochen lassen. Mit dem Lammfond auffüllen und ca. um die Hälfte der Menge einreduzieren lassen (kräftig kochen ohne Deckel). Die Sauce durch ein Sieb gießen und wieder aufkochen. Die eisgekühlte Butter in Flocken kräftig darunterschlagen und mit Salz abschmecken. Wer die Sauce gern sämiger mag, kann sie zusätzlich mit in Wasser aufgelöster Speisestärke binden (siehe Tipp rechts).

Den Lammrücken aus der Folie wickeln, mit einem scharfen Messer in Scheiben schneiden, auf den Tellern anrichten und mit etwas Sauce nappieren. Dazu passen Bohnen jeglicher Art und Farbe wie auch Kartoffeln sehr gut.

Zutaten
für 4 Personen

- 2 – 3 Lammlachse
- 10 Scheiben (je nach Größe) dünn geschnittener Knochenschinken
- 1 Hühnchenbrust ohne Haut
- 1 kl. Bund glatte Petersilie
- 100 ml Sahne
- Öl
- 4 Zweige Thymian
- Salz, Pfeffer

Für die Sauce:

- 2 Zwiebeln
- 1 Knoblauchzehe
- 40 g Butter
- Pfeffer
- 4 Zweige Thymian
- 150 ml Spätburgunder
- 400 ml Lammfond (optimal) bzw. Geflügel- oder Rinderfond
- Butter, Salz

! ● Bindet man eine Sauce mit Speisestärke, sollte man vorsichtig zu Werke gehen. Die in Wasser aufgelöste Speisestärke immer nur löffelweise in die Sauce geben, sonst ist statt einer sämigen Sauce ein Pudding das Endergebnis.

Lachs-Spinat-Lasagne

Lachs kalt abspülen, trocken tupfen und würfeln. In eine flache Schale geben, leicht salzen und pfeffern, mit Zitronensaft beträufeln. Mit Klarsichtfolie abgedeckt in den Kühlschrank stellen.

Spinat waschen, putzen und in Streifen schneiden. Zwiebel und Knoblauchzehen abziehen und fein würfeln bzw. klein hacken. Butter in einem Topf erhitzen. Knoblauch und Zwiebel darin andünsten, den feuchten Spinat daraufgeben und alles im geschlossenen Topf ca. 5 Minuten dünsten, bis der Spinat zusammengefallen ist.

Backofen auf 200 °C (Umluft: 180 °C, Gas: Stufe 3) vorheizen. Crème fraîche mit Sahne und Schmelzkäse verrühren.

Eine rechteckige Auflaufform einfetten. 3 EL der Sahne-Käse-Mischung darin verteilen, dann mit einer Schicht Lasagneblätter auslegen. Darauf 1/3 der Spinatmenge und der Lachswürfel verteilen. Mit etwas Parmesan bestreuen. So weiterschichten, bis die Menge an Spinat, Lachs und Teigplatten (damit abschließen) verbraucht ist. Die restliche Sahne-Käse-Mischung und den in Scheiben geschnittenen Mozzarella in Scheiben auf die Teigplatten verteilen.

Die Lasagne auf mittlerer Schiene im Backofen ca. 40 Minuten goldbraun backen.

Zutaten
für 4 Personen

500 g Lachsfilet
Salz, Pfeffer aus der Mühle
Saft von ½ Zitrone
800 g Spinat
1 Zwiebel
2 Knoblauchzehen
1 EL Butter
200 g Crème fraîche
100 g Sahne
80 g Schmelzkäse
200 g Lasagneblätter (ohne Vorkochen)
5 EL Parmesan
250 g Mozzarella

Rinderbraten „Boeuf à la mode"

Zutaten
für 8 Personen

2 Zwiebeln
¼ Knollensellerie
2 Möhren, Öl
1,5 kg Rinderschulter
1 EL Puderzucker
1 EL Tomatenmark
5 EL Cognac
500 ml kräftiger Rotwein
1 l Geflügelbrühe
1 Zimtstange
1 TL Pfefferkörner
2 Lorbeerblätter
1 TL Pimentkörner
6 Wacholderbeeren
4 EL milder Balsamicoessig
2 – 4 Stk. dunkle Schokolade (ab 50 % Kakaoanteil)
Salz, Pfeffer

Zwiebeln und Gemüse schälen und grob würfeln. Das Öl in einer Kasserolle bzw. in einem großen Topf erhitzen, das Fleisch bei mittlerer Hitze von allen Seiten anbraten und wieder herausheben.

Den Puderzucker hineingeben und hell karamellisieren. Das Tomatenmark einrühren und ebenfalls kurz schmoren. Mit Cognac und etwas Rotwein ablöschen und sämig einköcheln lassen. Den übrigen Rotwein in 2 Etappen angießen und ebenfalls einköcheln lassen. Das Gemüse dazugeben und kurz anschwitzen.

Das Fleisch wieder hineinsetzen und so viel Brühe angießen, dass es bedeckt ist. Bei leicht geöffnetem Deckel und geringer Hitze (soll nur leicht köcheln) etwa 3,5 Stunden schmoren, dabei den Braten ab und zu wenden. Nach 2,5 Stunden Zimt, Lorbeerblätter, Pfeffer- und Pimentkörner sowie die Wacholderbeeren dazugeben.

Nach dem Ende der Garzeit das Fleisch aus der Sauce nehmen und warm stellen. Die Sauce durch ein Sieb gießen, noch einmal aufkochen und mit Balsamico, Schokolade, Salz und Pfeffer abschmecken. Wer die Sauce sämiger bevorzugt, dickt sie mit in Wasser aufgelöster Speisestärke an. Vor dem Servieren den Braten in fingerbreite Scheiben schneiden und mit der Sauce nappieren. Dazu schmeckt ein Kartoffel-Sellerie-Püree exzellent.

Bayerische Creme „Normandie"

Aus 6 geschälten und entkernten Äpfeln in einem geschlossenen Topf mit etwas Wasser auf niedriger Temperatur ein Kompott kochen. Dabei immer wieder umrühren. Dann vom Herd nehmen, erkalten lassen und die Dessertgläser zu einem Drittel mit dem Kompott füllen.

Den Schlagrahm kräftig aufschlagen und kalt stellen. Quark und Vanillecreme verrühren. Das zuvor in kochendem Wasser aufgelöste Agar-Agar in einer geringen Menge der Creme auflösen, dann alles aufkochen. Den Schlagrahm hinzufügen und verrühren. Anschließend die Creme auf das Kompott in die Gläser geben, so dass diese zu zwei Dritteln gefüllt sind.

Die restlichen 2 Äpfel schälen und vierteln. Die Butter in einem kleinen Topf erwärmen und die geviertelten Äpfel darin goldbraun anschwitzen. Nach der halben Garzeit mit Zucker bestreuen. Die Apfelviertel auf einem Teller abkühlen lassen.

Die Apfelviertel in den Dessertgläsern auf der Creme anrichten. In einem Topf den Tortenguss im Apfelsaft auflösen, aufkochen und über die Äpfel geben. Den Guss erstarren lassen und das Dessert für mindestens eine Stunde in den Kühlschrank stellen.

Zutaten
für 4 Personen

8 Äpfel
140 ml Schlagrahm
100 g Quark
80 g Vanillecreme
¼ TL Agar-Agar
30 g Butter
1 EL Zucker
½ Tütchen Tortenguss
50 ml Apfelsaft

! Als Schlagrahm bezeichnet man Schlagsahne mit einem Fettgehalt von mindestens 30 %.

Zutaten

Für den Boden:
100 g Mehl
1 Msp. Backpulver
30 g Zucker
1 Prise Salz
75 g Butter

Für den Biskuitboden:
300 g Möhren
4 Eiweiß
1 Prise Salz
150 g Zucker
4 Eigelb
50 g Mehl
300 g gem. Haselnüsse
2 TL Backpulver

Für die Füllung:
4 EL Orangenmarmelade
2 Becher Sahne
2 P. Sahnesteif

Für die Dekoration:
30 g gehackte Pistazien
Marzipanhasen oder -sterne zum Verzieren

Möhrentorte

Mürbeteigboden: Aus den Zutaten einen Mürbeteig kneten. Den Teigkloß 10 Minuten im Kühlschrank kalt stellen. Danach den Teig ausrollen und in eine gefettete oder mit Backpapier ausgelegte Springform (26 cm Durchmesser) legen.

Backzeit 1: ca. 10 Min. bei 175 °C. Auf einem Kuchengitter auskühlen lassen.

Biskuitboden: Möhren putzen und fein raspeln. Eiweiß mit der Prise Salz steif schlagen, ein Drittel der Zuckermenge einrieseln lassen. Eigelb mit restlichem Zucker cremig schlagen, mit gemahlenen Haselnüssen, Mehl, Backpulver und Möhrenraspeln unter den Eischnee heben (am besten von Hand, nicht mit dem Mixer). In eine gefettete oder mit Backpapier ausgelegte Springform (Größe wie oben) geben.

Backzeit 2: ca. 35 Min. bei 175 °C. Anschließend auskühlen lassen.

Füllung/Fertigstellung: Mürbeteigboden mit der Hälfte der Orangenmarmelade bestreichen. Sahne mit Sahnesteif schlagen. Biskuit quer halbieren, eine Lage auf den Mürbeteigboden setzen, mit der restlichen Marmelade und der Hälfte der Sahne bestreichen. Die 2. Lage darauf setzen, die ganze Torte mit der restlichen Sahne bestreichen.

Dekoration: Mit Pistazien und Hasen bzw. Sternen dekorieren.

Zitronen-Himbeer-Sahnetorte

Zutaten

Für den Biskuitboden:
- 4 Eier
- 4 EL heißes Wasser
- 200 g Zucker
- 200 g Mehl
- 2 TL Backpulver
- 1–2 TL Kakaopulver

Für die Füllung:
- 5 Becher Sahne (à 200 ml)
- Zucker nach Geschmack
- Saft von 1 Zitrone
- 200 g frische oder TK-Himbeeren
- 2–3 Blatt Gelatine oder 1 Tütchen Sahnesteif
- 1 Schnapsglas Maraschino-Likör

Für die Dekoration:
- 100 g gehackte Mandeln
- 30 g Butter
- 2 P. Vanillezucker
- 16 Zitronenscheiben
- 16 Himbeeren

Biskuitboden: Eier und Wasser mit dem Handrührgerät schaumig rühren. Zucker hinzugeben und alles zu einer dickflüssigen schaumigen Ei-Masse verrühren. Mehl mit Back- und Kakaopulver darübersieben und vorsichtig mit dem Schneebesen unterheben. Den Teig in eine mit Alufolie ausgelegte Springform (28 cm Ø) geben.

Backzeit: bei 175 °C ca. 35–40 Minuten auskühlen lassen. Weitere Arbeitsschritte: Für den Krokant gehackte Mandeln mit Butter und Vanillezucker in einem Topf hellbraun rösten. Den Biskuitboden 2-mal quer durchschneiden.

Füllung: Sahne mit dem Zucker steif schlagen und in 3 Portionen teilen. Einen Teil der Sahne mit dem Zitronensaft verrühren. 16 Himbeeren beiseitelegen, die restlichen Himbeeren mit dem 2. Sahnedrittel verrühren, evtl. 2–3 Blatt Gelatine oder Sahnesteif hinzufügen.

Fertigstellung/Dekoration: Einen Boden mit Himbeersahne bespritzen, den 2. Boden auflegen, mit Zitronensahne bestreichen und mit dem 3. Boden bedecken. Restliche Sahne mit dem Likör verrühren und den Kuchen an Rand und Oberfläche einstreichen. Jedes Tortenstück mit einem Maraschino-Sahnehäubchen bespritzen und mit Zitronenscheiben, Himbeeren und Mandelkrokant garnieren.

Kiwikonfitüre

Die Kiwis schälen und das Fruchtfleisch klein schneiden. Auf 1 000 g abwiegen. Dann in einen großen, hohen Topf geben und mit einem Kartoffelstampfer zerdrücken. Den Zitronensaft zugeben. Dann den Gelierzucker hinzufügen und die Mischung 4 Stunden ziehen lassen. Anschließend aufkochen und 4 Minuten sprudelnd kochen lassen, währenddessen ständig mit einem langen Holzlöffel umrühren. Dann die Gelierprobe machen.

Den Topf von der Herdplatte ziehen und den Orangenlikör einrühren. Die heiße Konfitüre randvoll in saubere, heiß ausgespülte Gläser füllen. Fest verschließen und für 5 Minuten auf den Deckel stellen.

Zutaten
für ca. 6 Gläser à 220 ml Inhalt

1 300 g
frische Kiwi
(1 000 g geschält gewogen)

Saft von 2 Zitronen

1 000 g Gelierzucker tropic 1:1

4 cl Orangenlikör (nach Belieben)

Rhabarberkonfitüre

Den Rhabarber waschen, die Enden abschneiden und die Stangen dann in kleine Würfel schneiden. Mit Wasser, Zucker und Zitronensaft vermengen und über Nacht ziehen lassen.

Am nächsten Tag die Masse aufkochen und ca. 10 Minuten unter ständigem Rühren sprudelnd kochen lassen. Die Gelierprobe machen.

Die heiße Konfitüre randvoll in die sauberen, heiß ausgespülten Gläser füllen. Diese sofort fest verschließen und für ca. 5 Minuten auf den Deckel stellen.

Zutaten
für ca. 5 Gläser à 220 ml Inhalt

1 000 g
Rhabarber, geputzt

100 ml Wasser

900 g
sehr feiner Zucker

Saft von 1 Zitrone

„Regen im Mai
bringt Wohlstand und Heu."

Mai

Feine Spargelcremesuppe	74
Kohlrabisuppe mit Putenbrust	75
Kräuterrahmsuppe	75
Spargelquiche	76
Grüner Eichblattsalat mit Erdbeeren & Hähnchenbrust	77
Maispoularde mit Spargelgemüse & Morchelrisotto	78
Kartoffel-Spinat-Auflauf	80
Rumänische Kohlrabi in Dillsauce	81
Spargel-Eintopf	82
Wirsing-Eintopf	82
Spargelpfanne mit Rinderfilet	83
Creme-Duo von Erdbeeren & Rhabarber	84
Erdbeer-Quark-Torte	85

Der besondere Küchentipp im Mai:

Kräuterrahmsuppe

Rumänische Kohlrabi in Dillsauce

Es blüht, grünt und gedeiht

Wonnemonat, Liebesmonat, Blumenmonat, Frühlingsmonat: Der Mai ist der Monat der Superlative, der so manche Denker und Dichter zu literarischen Höhenflügen inspiriert hat. „Süßer Mai, du Quell des Lebens, bist süßer Blumen so voll; Liebe sucht auch nicht vergebens, wem sie Kränze winden soll." Diese eindrucksvollen Zeilen dichtete einst Clemens von Brentano über den Mai.

Der 5. Monat im Kalender ist so beliebt, dass man ihn jedes Jahr eigens mit dem „Tanz in den Mai" willkommen heißt. Am 1. Mai, dem Tag der Arbeit, radelt man in die Natur, um das üppige Grün der Felder und Wiesen im lauen Maienlüftchen zu genießen. Duftende Maiglöckchen, sattgrüne Maibäume, eine fruchtige Maibowle, eine knusprig gebratene Maischolle: Dieser Monat wird geradezu zelebriert als ein Monat der Magie, der nur mit positiven Attributen versehen ist. Ein üppiges regionales Angebot an Kräutern, Salaten und Gemüse tut sein Übriges, um für überschwängliche Lebensfreude zu sorgen. Kohlrabi, Weißkohl, Wirsing und Spinat bereichern den Speiseplan. Star des Monats und unangefochten auf Platz

Mai

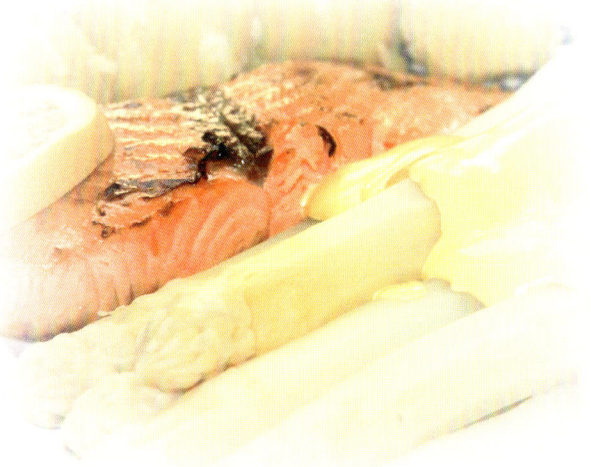

eins ist jedoch in jedem Jahr der Spargel, die Königin aller Gemüsesorten. Endlich gibt es frischen Spargel aus heimischem Anbau. Schon ungeduldig erwartet, kann man ihn endlich in vollen Zügen genießen. Dabei gibt es viele Varianten der Zubereitung. Ganz klassisch wie in der Feinen Spargelcremesuppe von Seite 74 oder kühn kombiniert mit Morcheln: Das Rezept „Maispoularde mit Spargelgemüse & Morchelrisotto" finden Sie auf Seite 78. Spargel ist köstlich, kalorienarm und gesund. Er ist ein Kraftpaket an Nährstoffen: Wichtige Mineralstoffe wie Kalium, Magnesium, Phosphor und Eisen. Außerdem: die Vitamine A, B1, B2, C und E. Und: sekundäre Pflanzenstoffe, die die Entwässerung und Entschlackung befördern.

Wo frischer Spargel geerntet wird, sind auch köstliche Erdbeeren nicht mehr ganz weit. Allerdings kommt ihre beste Zeit im Folgemonat Juni. Dann gibt es sie bis zum August in rauen Mengen – nicht nur auf dem Markt oder im Supermarkt, sondern auch zum Selberpflücken auf den Feldern.

Feine Spargelcremesuppe

Den Suppenspargel waschen, schälen und die Köpfe etwa ein Fingerbreit abschneiden. Die Spargelköpfe zur Seite legen und den restlichen Spargel in kleine Stücke schneiden. Wenn man die Zeit dazu hat, empfiehlt es sich, für einen intensiveren Geschmack die Spargelschalen in Wasser zu kochen und das Spargelkochwasser mit der Fertigbrühe zu vermischen.

Die Brühe danach zum Kochen bringen und ein Stückchen Butter und eine Prise Zucker dazugeben. Danach die Spargelstücke hineingeben und ca. 20 Minuten bei mittlerer Hitze kochen. Die Suppe mit dem Mixer pürieren und dann durch ein Sieb passieren.

Die restliche Butter in einem Topf zerlassen, Mehl darüberstäuben und unter ständigem Rühren goldgelb anschwitzen. Dann den Weißwein dazugießen, unterrühren und die Spargelsuppe zum Kochen bringen. Die Spargelköpfe dazugeben und ca. 8 – 10 Minuten langsam köcheln lassen. Danach die Petersilie waschen, trocken schütteln und fein hacken.

Die Eigelbe mit der Sahne vermischen. Die Suppe vom Herd nehmen und die Ei-Sahne-Mischung langsam unterziehen. Dabei darf die Suppe nicht mehr kochen. Mit Zucker, Salz, Pfeffer, einer Prise Muskatnuss und Zitronensaft abschmecken.

Zum Servieren die Suppe in vorgewärmte Teller füllen und jeweils mit Petersilie dekorieren.

Zutaten
für 4 Personen

- 1 kg Suppenspargel
- 1 l Fleischbrühe
- 40 g Butter
- 1 TL Zucker
- 1 EL Mehl
- 200 ml Weißwein
- ½ Bund Petersilie
- 2 Eier
- 200 ml Schlagsahne
- Saft von ½ Zitrone
- Zucker
- Salz, Pfeffer
- Muskatnuss

! Je nachdem, wie man die Suppe püriert, variiert ihre Konsistenz. Püriert man nur wenig, wird sie sämiger. Püriert man sie kräftiger, wird sie dünnflüssiger.

Kohlrabisuppe mit Putenbrust

Kohlrabi schälen und eine Knolle zur Seite legen. Die übrigen Kohlrabi würfeln. Die Hühnerbrühe zum Kochen bringen und die Kohlrabiwürfel darin etwa 20 Minuten garen. Dann mit dem Schneidstab pürieren und dann 250 ml der Sahne unterrühren. Mit Zitronensaft und Pfeffer abschmecken.

Den Putenbrustaufschnitt in schmale Streifen schneiden. Die übrig gebliebene Kohlrabi raspeln. Die Suppe in vorgewärmte Teller oder Suppentassen füllen. Dann mit der geraspelten Kohlrabi, den Putenbruststreifen, mit 125 ml geschlagener Sahne, den Pfefferkörnern und der Kresse garnieren.

Zutaten
für 4 Personen

- 4 große Kohlrabi (ca. 1,5 kg)
- 750 ml kräftige Hühnerbrühe
- 375 ml Sahne
- Zitronensaft
- Pfeffer
- 100 g Putenbrustaufschnitt
- 1 TL rote Pfefferkörner
- 1 Beet Kresse

Kräuterrahmsuppe

Grünkern fein mahlen und ohne Fett im Topf anrösten. Die Zwiebel schälen und fein würfeln. Dann die Butter erhitzen, die Zwiebel andünsten, den Grünkern dazugeben und anschwitzen. Mit Gemüsebrühe auffüllen und einige Minuten kochen lassen.

Kräuter hacken, zur Suppe geben und alles mit dem Schneidstab pürieren. Dann die Sahne oder Crème fraîche unterziehen. Vor dem Servieren mit Schnittlauch garnieren.

Zutaten
für 4 Personen

- 60 g Grünkern
- 1 Zwiebel
- 20 g Butter
- 800 ml Wasser
- 1 – 2 TL Gemüsebrühe
- 4 – 6 EL gehackte Kräuter (z. B. Petersilie, Schnittlauch, Dill Sellerieblätter Basilikum Liebstöckel Oregano Estragon)
- 100 ml Sahne oder Crème fraîche
- Schnittlauch

Zutaten

Für den Teig:

230 g Mehl
½ TL Salz
½ TL Kräuter der Provence, frisch oder getrocknet
125 g Butter
1 Eigelb
3 EL Wasser

Für die Füllung:

750 g Spargel (grün, weiß oder beides – je nach Geschmack)

Für die Creme:

250 g Quark
3 Eier
1 Eiweiß
125 g süße Sahne
Salz, Pfeffer je nach Geschmack
100 g gek. Schinken oder Putenbraten/ natur – es schmeckt auch mit Krabben

Spargelquiche

Den Spargel schälen und 10 Minuten in Salzwasser garen, dann abtropfen lassen.

Alle Zutaten des Teigs nacheinander verrühren und zu einer Teigmasse verarbeiten, gut durchkneten, anschließend ausrollen und vorsichtig auf den Boden einer Springform (Durchmesser 26 – 28 cm) legen. Bei 200 °C 10 Minuten backen. Im Umluftherd geht es etwas schneller, ca. 6 – 8 Minuten.

Dann die Creme zubereiten. Dazu alle Zutaten nacheinander in eine Schüssel geben und vorsichtig miteinander verrühren. Den Spargel auf dem gebackenen Teigboden verteilen, dann den Schinken oder Putenbraten in kleine Würfel schneiden, auf den Spargel legen und zum Schluss die Creme darübergießen.

Die Quiche in den Backofen schieben und bei 175 °C 20 – 30 Minuten backen. Die Backzeit ist abhängig davon, ob mit Umluft oder nur mit Unter- und Oberhitze gebacken wird.

! Dazu schmeckt ein knackiger grüner Salat an Vinaigrette wunderbar.

Grüner Eichblattsalat mit Erdbeeren & Hähnchenbrust

Die Hähnchenbrustfilets waschen und mit Küchenkrepp trocken tupfen. In einer Pfanne in 2 EL Olivenöl von beiden Seiten goldbraun anbraten. Vom Herd nehmen, abkühlen lassen und in dünne Streifen schneiden. Den Eichblattsalat putzen, waschen und trocken schleudern. Die Erdbeeren waschen, entstielen und abtropfen lassen. Eventuell halbieren.

Für die Erdbeervinaigrette Erdbeeressig mit Salz und Pfeffer vermengen. Dann erst das restliche Olivenöl dazugeben und verrühren. Den Eichblattsalat und die Erdbeeren auf den Tellern anrichten. Die Vinaigrette darüberträufeln und den Salat mit den Hähnchenbruststreifen belegen.

Zutaten
für 4 Personen

4 Hähnchenbrustfilets

1 grüner Eichblattsalat

250 g Erdbeeren

4 EL Erdbeeressig (siehe rechts)

6 EL Olivenöl

Salz

Pfeffer aus der Mühle

! In der Erdbeersaison kann man Erdbeeressig wunderbar selbst zubereiten und bevorraten.

Erdbeeressig – man braucht für 2 Liter:

ca. 400 g vollreife Erdbeeren

2 l Apfelessig

2 TL Honig

Die Erdbeeren waschen, abtropfen lassen, entstielen und vierteln. In einen Topf geben und mit Apfelessig übergießen. Die Früchte, den Honig und den Apfelessig langsam auf ca. 30 °C erhitzen. Gelegentlich mit einem Holzlöffel umrühren. Anschließend durch ein Sieb gießen und in Flaschen abfüllen.

Maispoularde mit Spargelgemüse & Morchelrisotto

Zutaten

Poularde:
4 ausgelöste Maispoularden-Keulen à 140 g mit Haut (mit Knochen à 220 g)
120 g Maishähnchenbrust (ohne Haut)
4 Scheiben magerer milder Knochenschinken
Salz, Pfeffer
4 Blatt starke Alufolie
Margarine

Für die Farce:
100 g Puten- oder Hähnchenfleisch (ohne Fett und Sehnen, klein gewürfelt und sehr kalt gestellt)
140 ml sehr kalte Sahne
Salz, Cayennepfeffer
1 Scheibe Toastbrot ohne Rinde
1 TL gehackte glatte Petersilie

Sauce:
500 ml Geflügeljus

Gemüse:
16 Stangen Spargel (im Spargelfond nicht zu weich kochen und in Eiswasser abkühlen lassen)
200 g frische Erbsen (in Salzwasser leicht kochen und in Eiswasser abkühlen lassen)
100 ml Sahne
50 ml Spargelfond
10 g Butter, Salz, Pfeffer, Muskatnuss

Risotto:
200 g Risottoreis (Vialone Nano)
100 g Morcheln (gut säubern und klein würfeln)
40 g Schalotten
½ fein gehackte Knoblauchzehe
400 ml Geflügelfond
50 ml trockener Weißwein
60 g geschlagene Sahne
40 g Butter

Garnitur:
8 kleine Morcheln (in Butter gar schwenken)
8 Blatt Kerbel, 8 kleine gegarte Bundmöhren

Farce: Putenfleisch mit der Hälfte der Sahne im Cutter zerkleinern, die restliche Sahne nach und nach dazugeben, bis eine homogene, glänzende Masse entsteht. Mit Salz und Pfeffer würzen. Die Masse in eine Schüssel geben und die Petersilie und die Brotwürfel unterheben. Kühl stellen.

Poularde: Die Blätter der Alufolie dünn mit Margarine einfetten. Je eine Keule mit der Haut nach unten auf ein Blatt Alufolie legen. Die Brust in vier gleich große Scheiben schneiden und jeweils auf eine Keule legen. Das Ganze mit Salz und Pfeffer würzen, die Farce sehr dünn aufstreichen, eine Scheibe Schinken auflegen und nochmals dünn mit der Farce bestreichen. Die Keule so zusammenklappen, dass die Haut außen ist. Erneut mit Salz und Pfeffer würzen, dann die Keule stramm in die Alufolie einrollen und die Folie an beiden Enden fest zudrehen. Bei 200 °C auf der mittleren Schiene des Backofens bei Unter- und Oberhitze 25 Minuten garen lassen (bei Umluft 20 Minuten bei 180 °C). Aus dem Ofen nehmen und 10 Minuten ruhen lassen. Dann die Rouladen auswickeln. In einer Pfanne Fett erhitzen und die Rouladen rundherum braun anbraten, bis die Haut knusprig ist.

Gemüse: Spargel in 1 cm große Stücke schneiden, die Köpfe 6 cm lang lassen und beiseitestellen. Dicke Stangen längs halbieren. Sahne mit Muskat würzen und dicklich einkochen lassen, Spargel und Erbsen hineingeben und unter Schwenken heiß werden lassen. Den Spargelfond in einem anderen Topf erhitzen, die Butter und die Spargelköpfe dazugeben.

Risotto: Schalotten in Butter anschwitzen, Knoblauch und Morcheln dazugeben. Dann den Reis hineingeben, kurz mit anschwitzen, mit Weißwein ablöschen und mit der kochenden Geflügelbrühe auffüllen. Etwa 14 Minuten auf kleiner Hitze mit Deckel kochen lassen. Mit Salz und Pfeffer würzen und die geschlagene Sahne unterheben.

Anrichten: Die Roulade in gleichmäßige Scheiben schneiden. Gemüse und den Risotto auf einen Teller geben, die Poularde anlegen, Spargelköpfe und Morcheln auf den Teller geben, mit der Sauce umgießen. Mit Kerbel und Bundmöhren garnieren.

Kartoffel-Spinat-Auflauf

Spinat von groben Strünken befreien, gründlich waschen und trocken schleudern. Kartoffeln schälen, waschen und in Scheiben schneiden. Eine ovale Auflaufform mit Olivenöl ausstreichen. Die Knoblauchzehen abziehen, ausdrücken und gleichmäßig in der Auflaufform verteilen.

In einem Topf Olivenöl erhitzen. Den Spinat darin andünsten und mit Salz würzen. Anschließend Kartoffeln und Spinat abwechselnd in die Auflaufform schichten, mit einer Spinatschicht abschließen. Dann mit einer Prise geriebener Muskatnuss und Salz vorsichtig würzen.

Aus den Eiern, Sahne, Milch, einer Zwei-Drittel-Menge vom geriebenen Parmesan und einer Prise Muskatnuss eine geschmeidige Masse rühren. Die Mischung über die geschichtete Kartoffel-Spinat-Masse gießen. Sie muss vollständig mit Flüssigkeit bedeckt sein. Den restlichen Parmesan darüberstreuen und etwas Olivenöl darüberträufeln. Den Auflauf für 40 Minuten in den 180 °C (Umluft) heißen Backofen geben. Sollte die Käsekruste vor Ende der Garzeit eine zu intensive Bräunung annehmen, den Auflauf mit Alufolie bedecken.

Variante: Um das Geschmackserlebnis zu erweitern, kann man diesen Auflauf zusätzlich mit Lachs oder gebratenem Hackfleisch zubereiten.

Zutaten
für 4 Personen

- 1 kg Feldspinat
- 10 neue Kartoffeln (festkochend)
- 4 Knoblauchzehen
- 2 Eier
- 200 ml süße Sahne
- 200 ml Milch
- 150 g Parmesan, frisch gerieben
- Muskatnuss, frisch gerieben
- Olivenöl, Salz

! Dazu schmeckt ein knackiger grüner Salat an Vinaigrette wunderbar.

Rumänische Kohlrabi in Dillsauce

Zutaten
für 4 Personen

- 6 Kohlrabi, mittelgroß
- 400 g Hackfleisch (½ Rind, ½ Schwein)
- 1 Gemüsezwiebel
- 1½ EL Paprikapulver, edelsüß
- Salz, Pfeffer
- 1 Bund Petersilie, gehackt

Für die Dillsauce:

- 3 EL Mehl
- 200 ml Milch
- 1 Becher Sahne
- 1 Bund Dill, gehackt
- Salz
- 1 l Wasser

Kohlrabi schälen und an der Strunkseite mit einem scharfen Messer und einem Teelöffel aushöhlen. Zwiebel in feine Würfel schneiden und zusammen mit Hackfleisch, Paprikapulver, Salz, Pfeffer und der Petersilie zu einer gleichmäßigen Masse verarbeiten. Die Kohlrabi mit dem Hackfleisch füllen.

Für die Dillsauce das Mehl in der Pfanne kurz anschwitzen (nicht bräunen!) und mit Milch ablöschen. Danach die Sahne unterrühren und den gehackten Dill hinzugeben. Mit Salz abschmecken und unter stetigem Rühren für eine Minute aufkochen lassen. Danach den Topf von der Herdplatte nehmen und mit einem Liter Wasser auffüllen. Dabei stets rühren, damit sich keine Klumpen bilden.

Die gefüllten Kohlrabi in einen großen Topf geben und mit der Dillsauce übergießen. Achten Sie darauf, dass die Kohlrabi vollständig mit Sauce bedeckt sind. Anschließend bei mittlerer Hitze 90 Minuten köcheln lassen.

! Die gefüllten Kohlrabi mit Reis oder Kartoffelpüree servieren.

Spargel-Eintopf

Zutaten
für 4 Personen

500 g weißer Spargel
500 g Kartoffeln
1 altbackenes Brötchen
30 g Butter
Salz
1 Prise Zucker
300 g gemischtes Hackfleisch
1 Ei
300 g TK-Erbsen
½ Bund glatte Petersilie
125 ml Sahne
2 Eigelb

Spargel waschen, schälen, holzige Enden abschneiden. Den Spargel in Stücke schneiden. Die Schalen in 1 l Wasser 15 Minuten köcheln. Kartoffeln schälen, waschen und würfeln. Das Brötchen einweichen. Butter in einem Topf zerlassen, die Spargelstücke und Kartoffelwürfel unter Rühren andünsten. Das Spargelwasser durch ein feines Sieb dazugießen. Mit Salz und Zucker würzen und 10 Minuten garen. Das Hackfleisch mit einem Ei und dem ausgedrückten Brötchen mischen und die Masse würzen. Kleine Klößchen formen und in den Eintopf geben. Weitere 10 Minuten garen. Dann die tiefgefrorenen Erbsen unaufgetaut hinzufügen und den Eintopf nochmals 10 Minuten garen. Anschließend den Topf vom Herd ziehen. Die Petersilie in Streifen schneiden. Die Sahne mit dem Eigelb verrühren und den Eintopf damit legieren. Nicht mehr kochen lassen. Vor dem Servieren mit der Petersilie garnieren.

Wirsing-Eintopf

Das Rindfleisch unter fließendem kalten Wasser abspülen, trocken tupfen und in Würfel schneiden. Den Wirsing putzen, waschen und klein schneiden. Kartoffeln schälen, waschen und würfeln.

Zutaten
für 4 Personen

500 g Rindfleisch
1 kg Wirsing
6 große Kartoffeln
40 g Schweineschmalz
2 mittelgroße Zwiebeln
Salz, Pfeffer
gemahlener Kümmel
750 ml Brühe
2 EL gehackte Petersilie

Das Schweineschmalz in einem Topf erhitzen und das Fleisch unter Wenden schwach darin bräunen lassen. Die Zwiebeln abziehen, halbieren und in Scheiben schneiden. Kurz bevor das Fleisch seinen Bräunungsgrad erreicht hat, die Zwiebeln hinzufügen und kurz mitdünsten. Das Fleisch mit Salz, Pfeffer und Kümmel würzen. Wirsing und Brühe dazugeben und ca. 40 Minuten gar schmoren lassen. Die Kartoffeln hinzufügen und den Eintopf so lange weiterkochen, bis die Kartoffeln weich sind. Abschließend mit Salz abschmecken und mit Petersilie bestreuen.

Spargelpfanne mit Rinderfilet

Zutaten
für 2–3 Personen

300 g weißer Spargel
300 g grüner Spargel
1 TL Butter
200 g Rinderfilet
1 Knoblauchzehe
2 Schalotten
1 TL Speiseöl
500 g Schupfnudeln
200 ml Gemüsebrühe
50 ml Sahne light
einige Blätter Bärlauch (alternativ: Bärlauchpesto)
Mark von 1 Vanilleschote
Thymian
Zucker
Salz, grob geschroteter Pfeffer

Den Spargel waschen, den weißen Spargel ganz, beim grünen Spargel das untere Drittel schälen. Den Spargel in Stücke schneiden. Einen Liter Wasser mit Salz, einer Prise Zucker und Butter aufkochen. Den weißen Spargel darin ca. 10 Minuten, den grünen ca. 5 Minuten garen lassen. Den Spargel herausheben, dabei den Sud beiseitestellen.

Das Rinderfilet trocken tupfen und in Streifen schneiden. Die Knoblauchzehe abziehen, zerdrücken und mit den Filetstreifen, Pfeffer und Thymian vermischen. Die Schalotten abziehen und in Spalten schneiden.

Öl erhitzen und die Filetstreifen sowie die Schupfnudeln nacheinander anbraten. Anschließend wieder herausnehmen. Die Schalotten in das verbliebene Bratfett geben und anschwitzen. Dann den Spargel und das Rinderfilet dazugeben und kurz mit erhitzen. Einen Viertelliter Spargelsud, Gemüsebrühe und Sahne angießen, aufkochen und leicht einreduzieren. Den Bärlauch waschen, trocken tupfen und in Streifen schneiden. Die Sauce mit Vanillemark und Bärlauch verfeinern und mit den Gewürzen abschmecken.

Creme-Duo von Erdbeeren & Rhabarber

Zunächst die Erdbeeren im Mixer pürieren. Dann das Erdbeerpüree erhitzen und aufkochen lassen. Die vorher in kaltem Wasser aufgeweichte Gelatine hinzufügen und unterrühren.

Das Eiweiß zu Schnee schlagen. In einem kleinen Topf 250 ml Wasser mit 80 g Zucker bei 120 °C zu Sirup verkochen. Den Sirup vom Herd nehmen und über den Eischnee geben. Die Mischung weiterschlagen, bis sie ganz erkaltet ist, und dann in das Erdbeerpüree einarbeiten. Die kalte Sahne schlagen und unterziehen. Die Erdbeercreme in Dessertschälchen geben und 4 Stunden kalt stellen.

Den Rhabarber putzen, in 3 cm dicke Stücke schneiden und zusammen mit 300 g Zucker in einen Topf geben. Aufkochen und 40 Minuten köcheln lassen. In regelmäßigen Abständen umrühren, bis der Rhabarber zum Kompott eingekocht ist. Anschließend vom Herd nehmen und erkalten lassen.

Das Rhabarberkompott auf die Erdbeercreme in die Dessertschälchen geben und jeweils mit einem Amarettino dekorieren.

Zutaten
für 4 Personen

250 g Erdbeeren

2 Eiweiß

250 ml Schlagsahne (ungeschlagen)

3 Blatt Gelatine

1 000 g Rhabarber

380 g Zucker

6 Amarettini

Zutaten

Für den Boden:

3 Eier
100 g Zucker
1 P. Vanillezucker
80 g Mehl
80 g Speisestärke
2 TL Backpulver

Für die Füllung:

500 g Magerquark
125 g Zucker
750 g Erdbeeren
8 Blatt weiße Gelatine
½ l Schlagsahne

Für die Dekoration:

¼ l Schlagsahne
1 P. Sahnesteif
1 TL Zucker
125 g Erdbeeren

Erdbeer-Quark-Torte

Aus den angegebenen Zutaten einen Biskuitteig herstellen. In eine am Boden gefettete Springform füllen.

Backzeit: 25 Minuten bei 190 °C. Weitere 10 Minuten im ausgeschalteten Ofen ruhen lassen. Herausnehmen und abkühlen lassen.

Füllung: Quark, Zucker und 500 g pürierte Erdbeeren verrühren. Die aufgelöste Gelatine unterziehen und die Masse kalt stellen. Die Sahne steif schlagen, mit der Quarkmasse vermischen und 250 g halbierte Erdbeeren unterheben. Den Biskuitboden waagerecht durchschneiden, mit einem Tortenring umschließen, auf den unteren Boden die Quarkmasse geben und mit dem oberen Boden abdecken. Für eine Stunde in den Kühlschrank stellen.

Fertigstellung: Sahne mit Sahnesteif und Zucker steif schlagen. Den Tortendeckel mit Sahne bestreichen und mit halbierten Erdbeeren und Sahnetupfern verzieren.

„Gibt's im Juni Donnerwetter,
wird auch das Getreide fetter."

Juni

Minestrone mit Steinbeißer & Gambas	90
Tomatencremesuppe mit Chorizo	91
Bratkartoffeln mit Zuckerschoten & Paprika	92
Geschmorte Gurken mit Waldpilzfüllung	93
Mangoldkuchen	94
Kartoffel-Apfel-Salat	95
Brokkoli-Auflauf	96
Paprika-Zucchini-Auflauf	96
Hackfleischnudeln auf dem Wirsingbett	97
Sauenfilet im Zucchinimantel	98
Aprikosen-Suppe mit Pfirsichen & Muskateller	99
Pfirsich-Eistee-Torte	100
Erdbeer-Limetten-Konfitüre	101
Erdbeer-Vanille-Konfitüre	101

Der besondere Küchentipp im Juni:

Tomatencremesuppe mit Chorizo

Aprikosen-Suppe mit Pfirsichen & Muskateller

Jetzt beginnt der Sommer!

Der Juni, der 6. Monat des Jahres, benannt nach der römischen Göttin Juno, wird von Gärtnern auch der Rosenmonat – oder früher „Rosenmond" – genannt. In diesem Monat erreicht die Rosenblüte ihren Zenit. Feste Feiertage gibt es im Juni keine, bewegliche schon. Selten fällt Christi Himmelfahrt in den Juni, Pfingsten und Fronleichnam dagegen häufiger. Die Sommersonnenwende und der Johannistag, der Geburtstag Johannes des Täufers, werden ebenfalls in diesem Monat gefeiert. Weitere typische Merkmale: Der Juni hat den längsten Tag und die kürzeste Nacht im Jahr. Ab dem 21. Juni werden die Tage dann wieder kürzer und die Nächte länger. Kein Grund, Trübsal zu blasen. Wenn der „Wettergott" mitspielt, beginnt nämlich jetzt die Zeit typischer Sommerfreuden: „Dösen" im Liegestuhl bei sommerlich-sonnigen Temperaturen, dazu ein erfrischendes Getränk, Baden im See und Besuche in der Eisdiele. Da lässt sich das ein oder andere Juni-Gewitter gelassen ertragen.

Was kulinarisch im Mai bereits begonnen hat, setzt sich im Juni fort: Es gibt Spargel und Erdbeeren satt. Beim Spargel – und auch beim Rhabarber – allerdings ist am oben erwähnten Johannistag die Deadline: Dann ist die Spargelsaison definitiv beendet, und Spargelfans müssen sich bis zum nächsten Jahr in Geduld üben. Erdbeeren

Juni

gibt es aber bis August in Hülle und Fülle. Im Sommer schmecken die kleinen roten Früchte aus heimischem Anbau am allerbesten. Neben fruchtig-köstlichen Desserts, Kuchen und Torten, erfrischender Sommerbowle und Cocktails mit und ohne Alkohol sind Erdbeeren auch in herzhaften Gerichten, kombiniert mit Fisch, Fleisch und/ oder Käse, eine raffinierte Komponente. Tipp: Wer jetzt fleißig auf den Feldern pflückt, verarbeitet die Ernte zum Beispiel zu leckeren Brotaufstrichen, zu einem raffinierten Erdbeeressig oder Likör – natürlich mit Alkohol! So ist der Erdbeerengenuss fürs ganze Jahr garantiert. Zwei köstliche Rezepte für Brotaufstriche mit Erdbeeren finden Sie auf der Seite 101.

Etwas im Schatten von Spargel und Erdbeeren stehen in der „Gemüseabteilung" Brokkoli, Zucchini, Mangold, Salatgurken, Paprika und Tomaten, in der „Obstabteilung" gibt es außerdem Kirschen, Aprikosen (die reifen, festen sind besonders süß) und Pfirsiche. Aber keine Sorge: Wer im Juni hauptsächlich auf Spargel und Erdbeeren setzt, verpasst nichts: Diese Gemüse- und Obstsorten sind auch in den Folgesommermonaten Juli und August in sehr guter Qualität aus heimischem Anbau zu haben.

Minestrone mit Steinbeißer & Gambas

Zutaten
für 4 Personen

- ½ Gemüsezwiebel
- 1 Stange Porree
- 3 Möhren
- 20 g Petersilienwurzel
- 20 g Knollensellerie
- 1 mittelgroßer Zucchini
- 1 rote Paprika
- 10 EL Olivenöl
- 2 Knoblauchzehen
- 150 g Zuckerschoten
- 1 Dose Schältomaten (400 g)
- 500 ml Gemüsebrühe
- 500 g Steinbeißerfilet
- 1 gehäufter TL Pesto
- 100 g Fadennüdelchen
- 200 g Garnelen (ohne Schwanz & Schale)
- Zucker, Salz
- Cayennepfeffer
- Parmesankäse
- Kresse
- glatte Petersilie
- Basilikum

Gemüsezwiebel schälen und würfeln. Porree putzen und in feine Scheiben schneiden. Möhren, Petersilienwurzel und Knollensellerie schälen und würfeln. Zucchini und Paprika waschen, putzen und würfeln.

Dann das Olivenöl erhitzen. Die Knoblauchzehen schälen, in feine Scheiben schneiden und darin andünsten. Zwiebeln, Porree, Sellerie, Möhren und Petersilienwurzel dazugeben und ca. 5 Minuten anbraten. Dann Paprika, Zucchini, Zuckerschoten und Schältomaten dazugeben, mit der Gemüsebrühe auffüllen und ca. 15 Minuten garen.

In der Zwischenzeit das Steinbeißerfilet in mundgerechte Stücke schneiden und jeweils mit Pesto bestreichen. Dann die Fadennüdelchen unterrühren, den Fisch und die Garnelen in die Suppe geben und ca. 8 Minuten ohne Rühren garen lassen.

Mit Zucker, Salz, Cayennepfeffer abschmecken, in tiefen Tellern anrichten, mit etwas Parmesankäse bestreuen und mit den Kräutern dekorieren. Dazu passen Baguette und ein leichter trockener Weißwein.

!
- Statt Steinbeißer kann man auch Zanderfilet nehmen – Hauptsache, der Fisch zerfällt nicht.

Tomatencremesuppe mit Chorizo

Die Kartoffeln schälen, waschen und in kleine Stücke schneiden. Die Gemüsebrühe zusammen mit den Kartoffelstückchen in einen großen Topf geben und zum Kochen bringen.

Währenddessen die Tomaten häuten (dazu einkreuzen, die Tomaten für einige Sekunden in kochendes Wasser tauchen und dann in Eiswasser blanchieren, damit sich die Haut leicht lösen lässt), vierteln und entkernen. Nachdem die Kartoffeln ca. 15 Minuten geköchelt haben, Tomaten, Thymian und das Lorbeerblatt hinzufügen. Weitere 15 Minuten köcheln lassen.

Die Wurst klein würfeln (evtl. vorher häuten, nach Belieben). Die Croûtons in der Pfanne anbräunen und mit Knoblauch würzen. Die Suppe fein pürieren. Salzen, pfeffern und die Crème fraîche einarbeiten. Anschließend die Chorizo-Würfel in die Suppe geben.

Die Suppe anrichten, einen Schuss Olivenöl hineingeben und mit den Croûtons garnieren. Wenn die Suppe zu sämig geraten ist, evtl. vor dem Garnieren mit Geflügelbrühe verlängern.

Zutaten
für 4 Personen

- 500 g Tomaten
- 4 Kartoffeln
- 100 g Chorizo
- 600 ml Geflügelbrühe
- 1 EL Crème fraîche
- 1 Prise Thymian
- 1 Lorbeerblatt
- Olivenöl
- Tabasco (nach Belieben)
- Croûtons
- 1 Knoblauchzehe, gepresst
- Salz, Pfeffer

! Chorizo ist eine würzige spanische Rohwurst vom Schwein. Sie ist mit viel Paprika und Knoblauch gewürzt und erhält daher ihre intensive rote Farbe. Chorizo enthält doppelt so viel Paprika wie die ungarische Salami.

Bratkartoffeln mit Zuckerschoten & Paprika

Kartoffeln mit einer Bürste unter kaltem Wasser gründlich säubern und in einem Topf mit reichlich Wasser zum Kochen bringen. Bei geschlossenem Deckel 20 Minuten weich kochen. Dann gut auskühlen lassen, pellen und in Scheiben schneiden.

Schalotten abziehen und fein würfeln. Speck in feine Würfel schneiden. Paprikaschote halbieren, entkernen, waschen und würfeln. Zuckerschoten waschen, putzen und schräg in Stücke schneiden. Radieschen putzen, waschen und in Scheiben schneiden. Petersilienblätter von den Stielen zupfen, waschen, trocken tupfen und fein hacken.

Butterschmalz in einer beschichteten Pfanne erhitzen und die Kartoffelscheiben goldbraun anbraten. Speckwürfel zugeben und unter regelmäßigem Schwenken der Pfanne anbräunen. Zwiebelwürfel hinzufügen und anschwitzen. Restliches Gemüse zufügen und 2 Minuten braten.

Mit Salz und Pfeffer würzen, die Butter zugeben und die Kartoffeln glasieren. Abschließend die gehackte Petersilie unterrühren.

Zutaten
für 4 Personen

- 600 g große Kartoffeln (festkochend)
- 3 Schalotten
- 60 g durchwachsener Speck
- 1 rote Paprikaschote
- 100 g Zuckerschoten
- 1 Bund Radieschen
- ½ Bund glatte Petersilie
- 30 g Butterschmalz
- 50 g Butter
- Salz, Pfeffer

Geschmorte Gurken mit Waldpilzfüllung

Die Gurken waschen, dann jeweils quer in 4 Stücke schneiden und aushöhlen. In eine ofenfeste Form setzen und 125 ml Brühe angießen. Im vorgeheizten Backofen bei 200 °C Umluft ca. 15 Minuten vorgaren.

Die Mischpilze gründlich putzen und in Scheiben schneiden. Die Tomaten waschen, entkernen und würfeln. Die Zwiebel abziehen und fein hacken. Die Butter in der heißen Pfanne zerlassen und die Mischpilze mit der Zwiebel darin bei starker Hitze ca. 5 Minuten anbraten. Mit Salz und Pfeffer würzen. Dann mit der restlichen Brühe ablöschen und den Bulgur unterrühren.

Die Kräuter waschen und trocken tupfen. Die Blättchen bzw. Nadeln abzupfen und fein hacken. Dann mit dem Frischkäse und den Tomatenwürfeln in die Pilz-Bulgur-Mischung einrühren. Die Schmorgurken aus dem Fond nehmen und mit der Mischung füllen.

Den Schmorfond anschließend mit Crème fraîche verrühren und würzen. Die Gurken wieder in die Form setzen und für weitere 15 Minuten im 200 °C heißen Umluftofen garen. Mit der Sauce getrennt servieren.

Zutaten
für 4 Personen

2 Salatgurken à 300–400 g

500 ml Gemüsebrühe

500–600 g Mischpilze der Saison

3 Tomaten

1 Zwiebel

1 EL Butter

Salz, Pfeffer

150 g Bulgur (vorgegarte Weizenkörner)

jeweils 3 Zweige Petersilie, Thymian, Rosmarin, Dill

150 g Frischkäse

150 g Crème fraîche

Mangoldkuchen

Zutaten
für 4 Personen

Für den Mürbeteig:

300 g Mehl
1 Ei
150 g Butter
2 EL Wasser
1 TL Salz

Für den Aufguss:

3 Eier
500 g Joghurt-Quark
Muskat, Salz
4 große Mangoldblätter
2 Zwiebeln
1 Knoblauchzehe
1 TL Butter
500 g Hartkäse, z. B. Comté

Für den Mürbeteig Mehl auf einen Tisch sieben und in die Mitte eine Mulde drücken. Das Ei, die Butter, das Wasser und das Salz hineingeben und alles schnell verarbeiten – das heißt gut durchkneten. Den Teig ausrollen und eine mit Butter ausgestrichene Springform damit auslegen. Den Teig möglichst erst „blindbacken", d. h. die Form mit trockenen grünen Erbsen füllen und bei 200 °C für 15 Minuten in den Ofen geben.

Für den Aufguss die Eier in einer Schüssel aufschlagen und den Joghurt-Quark dazugeben. Mit einem Schneebesen gut verrühren. Mit etwas Muskat und Salz würzen. Die Mangoldblätter waschen und klein schneiden. Die Stiele können ebenfalls mit verarbeitet werden. Die Zwiebeln und die Knoblauchzehe in feine Würfel hacken. Butter in einer Pfanne erhitzen und zuerst Zwiebeln und Knoblauch glasig braten, dann den Mangold dazugeben und dünsten. Wenn noch zu viel Flüssigkeit vorhanden ist, in einem Durchschlag abgießen. Die Masse auf dem Teig in der Springform verteilen, eine Schicht Aufguss darübergeben.

Hartkäse darüberraspeln und den restlichen Aufguss darübergießen. Zum Abschluss noch einmal etwas Hartkäse daraufstreuen und dann bei 130 °C für 35 – 40 Minuten in den Ofen geben.

!
● Der Mangoldkuchen schmeckt warm oder kalt. Dazu passen sehr gut etwas Feldsalat, der mit Öl, Essig und Salz angerichtet wird, und ein trockener Weißwein.

Kartoffel-Apfel-Salat

Zutaten
für 4 Personen

1 kg kleine Frühkartoffeln (festkochend)
1 Salatgurke
50 g Walnüsse
1 Bund glatte Petersilie
1 säuerlicher Apfel

Für das Dressing:

150 ml Apfelsaft
½ TL Zucker
3 EL milder Essig
2 TL Senf
3 EL Walnuss- oder Olivenöl
Salz, Pfeffer

Kartoffeln gründlich abspülen und mit Schale 18–20 Minuten bissfest kochen. Abgießen, kurz ausdampfen und ganz abkühlen lassen. Die Kartoffeln halbieren oder dritteln.

Gurke abspülen, trocken tupfen, grob schälen, der Länge nach halbieren und mit einem Teelöffel entkernen. Das Gurkenfruchtfleisch in ½ dicke Scheiben schneiden und salzen. Die Walnüsse grob hacken. Petersilie abspülen, trocken schütteln und die Blätter fein hacken. Den Apfel abwaschen, vierteln, das Kerngehäuse entfernen und das Fruchtfleisch in kleine Stifte schneiden.

Für das Dressing Apfelsaft, Zucker, Essig, Senf, Salz und Pfeffer verrühren. Das Öl in einem feinen Strahl dazugießen und mit einer Gabel unterschlagen. Mit Salz und Pfeffer abschmecken.

Kartoffeln, Gurkenscheiben und Apfelstifte mit dem Dressing mischen und mindestens 30 Minuten ziehen lassen. Anschließend noch einmal kräftig abschmecken. Petersilie und Walnüsse erst kurz vor dem Servieren unterheben.

Brokkoli-Auflauf

Zutaten
für 4 Personen

400 g
grüne Bandnudeln

600 g
Brokkoli (etwa
1 mittlere Rose)

40 g Butter

25 Tomaten
„Roma Star"

Salz, Pfeffer

1 Prise Muskat

3 Zweige Thymian

200 g Emmentaler,
gerieben

Für die Sauce:

5 Eier

300 ml
Sahne (30 %)

etwas Tomatenmark

Die Bandnudeln in Salzwasser 5 Minuten bissfest garen, in ein Sieb geben und mit kaltem Wasser überbrausen. Brokkoli waschen, in Röschen zerteilen und ebenfalls in einem Topf mit siedendem Salzwasser 5 Minuten garen.

In der Zwischenzeit die Auflaufform mit etwas Butter ausfetten. Die Nudeln hineingeben, den Brokkoli darauf verteilen. Die vorher gewaschenen und entkernten Tomaten halbieren und ebenfalls darauf verteilen. Mit Salz, Pfeffer, Muskat und Thymianblättchen würzen. Den Käse darüberstreuen.

Für die Sauce Eier, Sahne und Tomatenmark verquirlen, mit Salz und Pfeffer abschmecken und über den Auflauf geben. Bei 190–200 °C im vorgeheizten Backofen überbacken.

Paprika-Zucchini-Auflauf

Zutaten
für 4 Personen

300 g
TK-Blätterteig

4 kleine
rote Paprikaschoten

2 kleine Zucchini

2 Bund
Frühlingszwiebeln

3 Stiele Thymian

3 Eier

125 ml Milch

100 g Sahne

Salz, Pfeffer

125 g
geriebener Käse
(nach Geschmack)

Fett für die Form

Die Blätterteigplatten auftauen lassen. In der Zwischenzeit das Gemüse putzen, waschen und in Stücke bzw. Scheiben schneiden. Die Thymianblättchen von den Stielen zupfen.

Eier, Milch und Sahne verquirlen, mit Salz, Pfeffer und Thymian würzen. Ein Drittel der Käsemenge einrühren.

Eine gefettete Auflaufform mit den Blätterteigplatten auslegen. Das Gemüse darauf verteilen und mit der Eier-Milch-Sahne-Käse-Mischung begießen. Den restlichen Käse darüberstreuen.

Den Auflauf im vorgeheizten Backofen (E-Herd: 175 °C Umluft/Gas: Stufe 3) ca. 40 Minuten backen.

Zutaten
für 4 Personen

1 kg Hackfleisch (½ Rind, ½ Schwein)

3 Paprika

1 rote Zwiebel

9 braune Champignons

3 Eier

3 EL Quark

3 EL Haferflocken

1 Bund Schnittlauch

Salz, Pfeffer

3 EL Sonnenblumenöl

Für das Wirsingbett:

1 Wirsing

1 EL Butterschmalz

300 ml Gemüsebrühe

1 TL geriebene Muskatnuss

Salz, Pfeffer

Für die Zwiebelsauce:

300 ml brauner Kalbsfond

120 g gekochter Schinken

2 rote Zwiebeln

1 EL Butterschmalz

1 EL Mehl

Für die Dekoration:

100 g Brunnenkresse

Hackfleischnudeln auf dem Wirsingbett

Für die Hackfleischnudeln eine Zwiebel, Paprika und die Pilze klein würfeln. Den Schnittlauch in Röllchen schneiden. Diese Zutaten zusammen mit dem Hackfleisch in eine Schüssel geben. Eier, Quark und Haferflocken zugeben und alles gut miteinander verkneten. Anschließend mit Salz und Pfeffer abschmecken. Aus der Masse fingerdicke „Nudeln" formen und bei mittlerer Hitze im Öl braten.

Für das Wirsingbett den Wirsing putzen, grob zerkleinern und in Butterschmalz 3–5 Minuten andünsten. Mit Gemüsebrühe aufgießen und mit Muskatnuss, Salz und Pfeffer würzen. Dann den Wirsing so lange bei mittlerer Hitze ziehen lassen, bis er gar ist, aber noch Biss hat. Aus der Brühe abschöpfen und auf den Tellern anrichten.

Für die Zwiebelsauce 2 Zwiebeln in dünne Ringe schneiden und in Butterschmalz glasieren. Den Schinken würfeln und zu den Zwiebeln geben. Dann mit Kalbsfond auffüllen und ca. 10 Minuten köcheln lassen. Mit Mehl andicken und nach Belieben etwas nachwürzen.

Die Hackfleischnudeln auf dem Wirsingbett anrichten und mit etwas Zwiebelsauce übergießen. Abschließend mit Brunnenkresse dekorieren.

Sauenfilet im Zucchinimantel

Den Schnittlauch waschen, trocknen und in feine Röllchen schneiden. Das Schweinefilet parieren (von Haut und Sehnen befreien). Die Filetspitze und ein Stück vom Filetkopf (insgesamt ca. 180 g) abschneiden, klein würfeln und für ca. 15 Minuten ins Gefrierfach legen.

In der Zwischenzeit von der Zucchini der Länge nach 8 dünne Scheiben abschneiden. Die Schalotten und die Knoblauchzehe jeweils ungeschält längs halbieren. Das Olivenöl in der Pfanne erhitzen. Das Schweinefilet von allen Seiten gut anbraten und mit Salz und Pfeffer würzen. Schalotten, Knoblauch, Rosmarin und Thymian zugeben und kurz mitbraten. Die Pfanne vom Herd nehmen und das Filet im Öl leicht abkühlen lassen.

Die Filetwürfel aus dem Gefrierfach in einen Mixer geben und mit Salz und Pfeffer würzen. Die Sahne zugießen und alles zu einer glatten Farce vermixen. Anschließend die Farce in eine Schale geben, Schnittlauch und Parmesan unterheben. Dann mit Pfeffer abschmecken. Ein Stück Alufolie (ca. 45 x 45 cm) dünn mit der Farce bestreichen. Die Zucchinischeiben an der langen Seite leicht überlappend darauflegen, die restliche Farce gleichmäßig (ca. 18 x 20 cm) auf die Zucchinischeiben streichen.

Das Schweinefilet mit Küchenkrepp gründlich trocken tupfen und quer auf die Zucchinischeiben legen. Dann leicht andrücken und mit Hilfe der Alufolie das Ganze aufrollen. In einem Topf mit Wasser 40 Minuten gar ziehen, das heißt, das Wasser sollte kurz unter dem Siedepunkt sein.

Zutaten
für 4 Personen

1 Bund Schnittlauch
300 g Schweinefilet
300 g Zucchini
2 Schalotten
1 Knoblauchzehe
5 EL Olivenöl
Salz
Pfeffer
2 Zweige Rosmarin
5 Zweige Thymian
150 ml Schlagsahne
40 g Parmesan

! Mit dem Anfrieren der Fleischwürfel verhindert man im Vorhinein ein Gerinnen der Farce beim Pürieren. Hier entsteht so viel Hitze, dass nicht angefrorenes Fleisch gart und das Eiweiß gerinnt.

Aprikosen-Suppe mit Pfirsichen & Muskateller

Die Aprikosen und Pfirsiche gründlich abwaschen, halbieren und entkernen.

Für einen leichten Sirup in einem großen Topf 25 g Zucker in 700 ml Wasser zum Kochen bringen und die Hälfte des Rosmarins dazugeben. Darin die Aprikosen und Pfirsiche 5 Minuten gar ziehen lassen. Die Früchte dann abtropfen lassen und den Sirup zurückbehalten.

In einer Pfanne die Butter schmelzen und darin mit dem restlichen Zucker und dem Vanillezucker die Aprikosen und Pfirsiche bräunen. Den restlichen Rosmarin dazugeben. Das Ganze 5 Minuten zugedeckt köcheln lassen und dann mit dem Muskateller ablöschen.

Die Rosmarinnadeln herausnehmen, alles in den Mixer geben und pürieren. Einige Tropfen Zitronensaft und die Sahne hinzufügen. Wenn die Masse zu sämig ist, mit etwas Sirup verlängern.

Die Suppe noch warm mit Sandgebäck servieren.

Zutaten
für 4 Personen

- 12 Aprikosen
- 4 Pfirsiche
- 200 ml Muskatellerwein
- 50 ml flüssige Sahne
- ½ Zitrone
- 40 g Zucker
- 2 Prisen Vanillezucker
- 1 Rosmarinzweig
- 20 g Butter
- Sandgebäck

! ● Statt Gebäck passt zu dieser Suppe auch eine Kugel Vanilleeis sehr gut.

Pfirsich-Eistee-Torte

Zutaten

Für den Mürbeteig:
50 g Zucker
100 g Butter oder Margarine
150 g Mehl

Für den Biskuitteig:
2 Eier
60 g Zucker
100 g Mehl
½ P. Backpulver
1 P. Schokoladenpudding (zum Kochen)

Für die Füllung:
5 – 6 Pfirsiche
6 Blatt Gelatine
1 Zitrone
150 ml Eistee (Pfirsichgeschmack)
250 g Magerquark
200 g Mascarpone
100 g Zucker
2 Becher Sahne (à 200 g)

Für die Dekoration:
3 EL Aprikosen- oder Orangenkonfitüre
1 kl. Bund Zitronenmelisse

Mürbeteig: Alle Zutaten verkneten und den Teig ca. 1 Stunde kühl stellen. Teig dann dünn ausrollen und in eine Springform (28 cm Ø) geben. Backzeit 1: bei 175 °C ca. 15 Minuten (je nach Herdtyp). Auskühlen lassen.

Biskuitteig: Eier mit Zucker schaumig schlagen, alle übrigen Zutaten nach und nach dazugeben. Teig in eine Springform (Ø wie oben) geben. Backzeit 2: bei 175 °C ca. 15 – 20 Minuten Auskühlen lassen.

Füllung: Einen Pfirsich für die Dekoration ungeschält beiseitelegen. Restliche Pfirsiche kurz mit kochendem Wasser übergießen, 3 – 5 Minuten ziehen lassen. Haut vorsichtig abziehen, entsteinen und in Stücke schneiden. Gelatine in Wasser einweichen und ausdrücken. Zitronensaft mit Eistee erwärmen, Gelatine darin auflösen. Die Flüssigkeit zusammen mit Quark, Mascarpone und Zucker verrühren. Geschlagene Sahne unterrühren, dabei ca. 5 – 6 EL Sahne für die Dekoration zurückstellen.

Fertigstellung/Dekoration: Den Mürbeteigboden mit Konfitüre bestreichen, den Biskuitboden darauflegen. Einen Tortenring um die Böden legen, die Pfirsichstücke fächerartig auf dem Biskuit verteilen. Die Füllung darübergeben. 3 – 4 Stunden kühlen. Vor dem Servieren mit Sahnetupfern, Pfirsichstücken (ungeschält) und je nach Geschmack mit Zitronenmelisse garnieren.

Erdbeer-Limetten-Konfitüre

Die Erdbeeren waschen, abtropfen lassen, entstielen, in kleine Stücke schneiden und in einen großen, hohen Topf geben. Die Limetten gründlich mit heißem Wasser abwaschen, trocken reiben und mit einem Zestenreißer die Schale in dünnen Streifen abziehen. Die Limetten auspressen.

Dann 4 EL Limettensaft mit Gelierzucker, den in kleine Streifen geschnittenen Limettenschalen und den Erdbeeren vermengen, über Nacht ziehen lassen. Dann die Mischung aufkochen und 4 Minuten sprudelnd kochen lassen. Dabei ständig mit einem langen Holzlöffel umrühren. Dann die Gelierprobe machen. Den Topf von der Kochstelle ziehen. Den Limoncello dazugeben und umrühren. Die heiße Konfitüre sofort in saubere, heiß ausgespülte Gläser randvoll einfüllen. Diese fest verschließen und 5 Minuten auf den Deckel stellen.

Zutaten
für ca. 6 Gläser à 220 ml Inhalt

1 000 g Erdbeeren
2 unbehandelte Limetten
1 000 g Gelierzucker 1:1
4 cl Limoncello

Erdbeer-Vanille-Konfitüre

Die Erdbeeren waschen, putzen, klein schneiden und in einen großen, hohen Topf geben. Mit Gelierzucker und Zitronensaft vermengen. Die Vanilleschote halbieren und jeweils in der Länge aufschlitzen. Mit einem spitzen Messer das Mark herauskratzen. Dann Vanillemark und auch die Schotenhälften zur Erdbeeren-Zucker-Mischung hinzufügen. Das Ganze umrühren und über Nacht ziehen lassen.

Am nächsten Tag die Mischung aufkochen und 4 – 7 Minuten sprudelnd kochen lassen. Dabei ständig mit einem großen Holzlöffel umrühren. Nach der Gelierprobe die Vanilleschote entfernen und die heiße Konfitüre in die sauberen, heiß ausgespülten Gläser randvoll einfüllen. Sofort fest verschließen und für 5 Minuten auf den Deckel stellen.

Zutaten
für ca. 6 Gläser à 220 ml Inhalt

1 000 g Erdbeeren
800 g Gelierzucker 1:1
Saft von 1 Zitrone
1 Vanilleschote

„Im Juli muss vor Hitze braten,
was im September soll geraten."

Juli

Auberginen-Cremesuppe mit Mandeln	106
Bohnen-Kresse-Suppe mit Minze	106
Tomaten-Paprika-Gazpacho	107
China-Nudelsalat mit Koriander & Limettensaft	108
Trilogie vom Bohnensalat	108
Baskischer Kartoffel-Fisch-Eintopf	109
Bolognese „Granarolo"	110
Couscous-Auflauf	111
Hühnchen in Rotwein (Coq au vin)	112
Köstliches Kakaosorbet	114
Schokoladen-Panna-Cotta mit Himbeeren	114
Beeren-Dickmilch-Torte	115
Sommertorte mit Melonen	116

Der besondere Küchentipp im Juli:

Auberginen-Cremesuppe mit Mandeln

Schokoladen-Panna-Cotta mit Himbeeren

Perfekt fürs Picknick und Grillen in freier Natur!

Der Juli ist nach dem römischen Feldherrn Julius Cäsar benannt und der 7. Monat im Jahr. Im wärmsten Monat des Jahres wird die erste Heuernte eingebracht. Deshalb wird der Juli auch als „Heumonat" bezeichnet. Überhaupt hat das Juliwetter entscheidenden Einfluss auf die Menge und Güte der Ernte. Belegt wird dies durch die vielen Bauernregeln, die es zum Monat Juli gibt. Ein Beispiel: Der 10. Juli ist Siebenbrüder-Tag. Die Regel: „An Siebenbrüder Regen, bringt dem Bauern keinen Segen." Weitere typische Kennzeichen: Der Juli ist neben dem August der klassische Sommerferienmonat. Wer nicht gen Süden verreist, Optimist ist und auf den Sommer zu Hause vertraut, dazu im Frühjahr in weiser Voraussicht den eigenen Garten bestellt bzw. seinen Balkon hübsch bepflanzt hat, kann den Juli – die geeigneten Temperaturen vorausgesetzt – auch in heimischen Gefilden inmitten blühender Blumen und Stauden genießen.

Im Hochsommer zeigt sich die Natur von ihrer farbenprächtigsten Seite. Sie entfaltet ein wahres Blütenfeuerwerk, das man gar nicht aufhören kann zu bestaunen. Was liegt da näher, als – sooft es geht – den Picknickkorb zu bestücken oder den Grill in Gang zu setzen? Im Freien speisen – ein Privileg dieser Jahres-

Juli

zeit, das man sich ruhig des Öfteren gönnen sollte. Rezepte für köstliche Salate, die für gegrillten Fisch oder gegrilltes Fleisch geeignete Begleiter sind, finden Sie auf den nächsten Seiten. Auch die pikant-erfrischende Tomaten-Paprika-Gazpacho auf Seite 107 ist bei warmem Sommerwetter ein Gedicht. Üppig wie im Vorgänger-Monat Juni ist auch das kulinarische Angebot. Auberginen, Weißkohl und knackige Paprikaschoten komplettieren die „Gemüseriege", bei den frischen Früchten gesellen sich Himbeeren und Heidelbeeren dazu. Himbeeren schmecken nicht nur göttlich, sie sind wahre Allrounder und verdienen es, besonders hervorgehoben zu werden. Erntezeit ist von Juni bis September, allerdings schmecken sie in der Haupterntezeit – eben im Juli – am allerbesten.

Für Himbeeren typisch ist ein hoher Anteil an Mineralstoffen wie Eisen und Magnesium, Fruchtsäuren, vor allem Zitronensäure, an Vitamin C sowie Ballast- und Gerbstoffen. Himbeeren sind sensible Früchtchen. Deshalb sollte man sie pfleglich behandeln, das heißt: Möglichst am Einkaufs- bzw. Erntetag verzehren, ansonsten kühl und dunkel (nicht zu lange) aufbewahren. Dann lieber einfrieren.

Auberginen-Cremesuppe mit Mandeln

Auberginen waschen, schälen und in Stücke schneiden. In reichlich kochendem Salzwasser zusammen mit den Mandeln 20 Minuten kochen lassen. Anschließend vom Herd nehmen, abgießen und mit heißer Geflügelbrühe und Milch fein pürieren.

Dann Crème fraîche und Butter einarbeiten. Mit Salz und Pfeffer würzen. Wenn die Suppe zu dickflüssig geraten ist, Geflügelbrühe hinzufügen.

Zutaten
für 4–5 Personen

4 mittelgroße Auberginen
100 g geschälte Mandeln
500 ml Geflügelbrühe
300 ml Milch
4 EL Crème fraîche
10 g Butter
Salz, Pfeffer

! ● Wenn die Suppe angerichtet ist, ein paar Tropfen Olivenöl hineingeben und das Ganze mit gehobeltem Parmesan sowie Mandelsplittern garnieren.

Bohnen-Kresse-Suppe mit Minze

Kresse und Minze waschen und mit Küchenkrepp trocken tupfen. Die Bohnen entstielen und gründlich waschen. In einem großen Topf die grünen Bohnen in reichlich Salzwasser zum Kochen bringen und 15 Minuten kochen lassen. Anschließend durch ein Sieb geben und in Eiswasser abschrecken, damit die Bohnen ihre intensive grüne Farbe behalten. Kresse und Minze für fünf Minuten in kochendes Salzwasser geben, dann abtropfen lassen und ebenso in Eiswasser abschrecken. Die Zwiebel fein hacken und in einem Topf in Butter anbräunen. Kresse und Bohnen hinzugeben, dann die Geflügelbrühe angießen. Zum Kochen bringen und 5 Minuten köcheln lassen. Dabei ab und zu umrühren. Abschließend die Suppe fein pürieren und mit Crème fraîche und Butter verfeinern. Mit Salz und Pfeffer würzen. Vor dem Servieren einen Spritzer Olivenöl in die Suppe geben und abschmecken. Ist die Suppe zu sämig geraten, mit Milch oder Geflügelbrühe verlängern.

Zutaten
für 4 Personen

1 Beet Kresse
200 g grüne Bohnen
1 Zwiebel
12 Minzblätter
600 ml Geflügelbrühe
200 g Crème fraîche
20 g Butter
Olivenöl
grobes Salz, Pfeffer

Tomaten-Paprika-Gazpacho

Den Backofengrill auf 160 °C vorheizen. Paprika waschen, halbieren, entkernen, von den Innenhäuten befreien und mit der Schnittseite nach unten auf einem leicht eingefetteten Backblech auf der mittleren Schiene für ca. 30 Minuten grillen. Dann etwas abkühlen lassen, häuten und in Stücke schneiden.

Die Tomaten waschen, auf der Unterseite ein kleines Kreuz einkerben und für einige Sekunden in kochendes Wasser tauchen. Anschließend in Eiswasser abschrecken, damit sich die Haut leichter lösen lässt. Dann die gehäuteten Tomaten vierteln und entkernen.

Die Paprikastücke und Tomatenviertel zusammen mit der Geflügelbrühe mit dem Schneidstab pürieren. Mit Salz, Pfeffer, einigen Spritzern Tabasco und Worcester Sauce (nach Geschmack) würzen. Einige Tropfen Olivenöl dazugeben. Für mindestens 30 Minuten im Kühlschrank kühl stellen.

Vor dem Servieren die Gazpacho in Gläser füllen, mit einer eingelegten Tomate und einem Basilikumblatt dekorieren.

Zutaten
für 4–5 Personen

3 Paprikaschoten
6 Tomaten
300 ml Geflügelbrühe
Salz, Pfeffer
Tabasco
Worcester Sauce
eingelegte Tomaten
Olivenöl
Basilikum

! Dazu schmecken mit eingelegtem Hering belegte Bauernbrotstreifen sehr gut.

China-Nudelsalat mit Koriander & Limettensaft

Die Salatgurke nach Belieben fein hobeln, würfeln oder in Stifte schneiden. Aus der Paprikaschote die Kerne und weißen Innenhäute entfernen. Paprika in feine Stifte und Frühlingszwiebeln nach dem Putzen in feine Röllchen schneiden. Anschließend den frischen Koriander sehr fein hacken oder mit Hilfe einer Kräutermühle zerkleinern. Chinesische Nudeln nach Packungsanweisung kochen. Alle Zutaten in eine Schüssel geben.

Für das Dressing: Die Peperoni in sehr feine Ringe schneiden und zusammen mit Limettensaft, Sojasauce und Sesamöl verrühren und über die Nudeln geben. Den Salat gründlich vermengen und vor dem Servieren wenigstens zwei Stunden ziehen lassen.

Zutaten

250 g chinesische Nudeln
150 g Salatgurke
1 rote Paprikaschote
2 Frühlingszwiebeln
1/2 Bund Koriander (oder 1 TL gemahlen)
½ Peperoni
2 EL Sesamöl
3 EL Limettensaft
2 EL Sojasauce

Trilogie vom Bohnensalat

Die weißen und grünen Bohnen entstielen, unter kaltem Wasser gründlich waschen und für 20 Minuten dampfgaren. Anschließend unter kaltem Wasser abschrecken und in eine große Salatschüssel geben. Die Mungobohnensprossen waschen und hinzufügen. Die Tomaten waschen, entkernen, von den Stielansätzen befreien und vierteln. Die Schalotten fein hacken. Alle Zutaten zusammen mit der Petersilie zu den Bohnen geben.

Für die Vinaigrette: Mit einem Schneebesen Senf mit Essig und Öl verrühren. Zu den Bohnen geben, mit Salz und Pfeffer würzen und den Bohnensalat vorsichtig vermengen.

Vor dem Servieren kühl stellen.

Zutaten
für 4 Personen

400 g weiße Bohnen
400 g feine grüne Bohnen
100 g Mungobohnensprossen
2 Tomaten
2 Schalotten
2 EL gehackte Petersilie
1 TL Senf
4 EL Öl
2 EL Essig
Fleur de Sel (bzw. Meersalz)
Pfeffer aus der Mühle

! Sie können diesen Salat schon einige Stunden vor dem Servieren zubereiten: Als Vorspeise oder Beilage kommt er bei Gästen immer gut an.

Baskischer Kartoffel-Fisch-Eintopf

Zutaten
für 4 Personen

400 g Kartoffeln

900 g Thunfisch (oder anderer festfleischiger Fisch)

2 EL Olivenöl

1 große Zwiebel, grob gehackt

2 Knoblauchzehen, fein gehackt

250 g Tomaten aus der Dose, gehackt

1 gelbe Paprikaschote

frische Kräuter nach Belieben (z. B. Petersilie, Kerbel, Basilikum etc.)

300 ml kaltes Wasser

Salz, Pfeffer

Kartoffeln schälen und in ca. 5 cm große Würfel schneiden. Paprika putzen, entkernen, waschen und grob würfeln. Den Thunfisch säubern und würfeln (andere Fischsorten ggf. vorher entgräten und häuten).

Das Olivenöl in einem Topf erhitzen und die Zwiebel darin bei mittlerer Hitze andünsten, dabei gelegentlich umrühren. Knoblauch zufügen und kurz mit andünsten. Die Dosentomaten dazugeben, abdecken und bei mittlerer Hitze 30 Minuten köcheln lassen, so dass die Tomatensauce etwas eindickt.

Währenddessen Kartoffeln in einen großen Topf mit Wasser geben (so viel Wasser, dass sie bedeckt sind) und zum Kochen bringen. Paprika dazugeben, die Hitze reduzieren und das Ganze weitere 15 Minuten köcheln lassen. Kartoffeln und Paprika anschließend abgießen, dabei das Kochwasser auffangen.

Paprika und Kartoffeln zur Tomatensauce geben und kräftig durchrühren. Dann die Thunfischwürfel hinzufügen und leicht unterrühren. Mit Salz und Pfeffer abschmecken und 8–10 Minuten leicht kochen lassen, bis der Fisch zart ist. (Eventuell noch etwas vom Kartoffel-Kochwasser hinzugeben, wenn der Fisch in dickere Würfel geschnitten wurde.) Die Kräuter waschen, fein hacken und zum Fischtopf geben. Kurz mitziehen lassen, damit sich ihr Aroma besser entfalten kann.

Bolognese „Granarolo"

Zutaten
für 4 Personen

- 500 g Hackfleisch (Rind)
- 100 g fetter Speck
- 3 EL Olivenöl
- 1 große Zwiebel
- 1 große Knoblauchzehe
- 500 g Rispentomaten (oder geschälte Tomaten aus der Dose)
- 1 kleine Dose Tomatenmark
- 1 Karotte
- 100 g Staudensellerie
- 150 ml Rotwein
- 1 Becher Crème fraîche
- Salz, Pfeffer
- 1 Bund Oregano
- 1 Stängel frischer Rosmarin
- 200 g frischer Parmesankäse

Die frischen Tomaten kreuzweise einschneiden, für 30 Sekunden in kochendes Wasser tauchen und schälen. Danach Tomaten ebenso wie die Karotte und den Staudensellerie in kleine Würfel schneiden und im heißen Olivenöl glacieren.

In einer zweiten Pfanne Speck auslassen. Speckwürfel herausnehmen und beiseitestellen. Das Hackfleisch in diesem Fett anbraten. Karotten und Staudensellerie unterrühren. Die Zwiebel würfeln und hinzufügen. Das Ganze noch weitere 3 Minuten braten.

In der Pfannenmitte eine Vertiefung schaffen und das Tomatenmark hineingeben. Dieses unter ständigem Rühren so lange erhitzen, bis es eine dunkle Farbe angenommen hat. Dann den Knoblauch pressen und zum Tomatenmark geben. Das Ganze eine weitere Minute unter ständigem Rühren erhitzen. Nun das Hackfleisch mit dem Tomatenmark vermengen und mit Rotwein ablöschen. Die Tomatenwürfel hinzugeben und die Bolognese bei niedriger Hitze für 30–40 Minuten garen lassen. 5 Minuten vor Kochende die gehackten Kräuter unter die Sauce heben. Serviert wird die Bolognese Granarolo mit Hartweizen-Makkaroni. Die Sauce über die Nudeln verteilen, mit einem halben Teelöffel Crème fraîche dekorieren und mit geriebenem Parmesan bestreuen.

! Dieses Gericht ist nach dem Dorf Granarolo der Emilia Romagna, einer Region im Norden Italiens, benannt.

Couscous-Auflauf

Zutaten
für 4 Personen

- 2 Möhren
- 2 Stauden Sellerie
- 500 g Tomaten
- 1 Bund Frühlingszwiebeln
- 4 Hähnchenfilets (à ca. 150 g)
- Salz, Pfeffer
- 500 ml Gemüsebrühe (Instant)
- 250 g Couscous (vorgegarter Hartweizengrieß)
- 1 EL Butter
- 1 Zimtstange
- 3 EL Olivenöl
- 1 TL gemahlener Kreuzkümmel
- 1 TL gemahlener Koriander
- 1/2 TL Chilipulver
- 200 g Schafskäse

Die Möhren schälen, waschen und fein würfeln. Sellerie waschen und in ganz feine Ringe schneiden. Tomaten waschen, entkernen und in Spalten schneiden. Frühlingszwiebeln putzen, waschen und in Ringe schneiden.

Die Hähnchenfilets waschen, trocken tupfen und mit Salz und Pfeffer würzen. 300 ml Gemüsebrühe aufkochen, Möhren und Sellerie dazugeben und ca. 2 Minuten kochen. Topf vom Herd nehmen, das Couscous unterrühren. Butter und Zimtstange unterrühren und das Ganze zugedeckt ca. 10 Minuten ausquellen lassen.

Inzwischen 2 El Olivenöl in einer Pfanne erhitzen. Die Hähnchenfilets darin von allen Seiten ca. 10 Minuten braten und dann herausnehmen. Kreuzkümmel, Koriander und Chili vermischen und im Bratfett ca. 2 Minuten anschwitzen. Tomaten und Frühlingszwiebeln dazugeben und andünsten.

Couscous mit einer Gabel auflockern und 1 EL Olivenöl unterrühren. Tomaten, Lauchzwiebeln und Couscous in eine Auflaufform geben. 200 ml Gemüsebrühe darüber gießen. Hähnchenfleisch in Scheiben schneiden. Schafskäse evtl. abtropfen lassen, würfeln und mit dem Fleisch in die Auflaufform geben. Im vorgeheizten Backofen bei 180 °C Umluft ca. 10 Minuten backen.

Hühnchen in Rotwein (Coq au vin)

Den Speck in feine Streifen schneiden. Das Hähnchen in Portionsstücke zerteilen, kurz kalt abwaschen und mit Küchenkrepp trocken tupfen. Die Hühnerbrühe nach Anweisung zubereiten. Die Knoblauchzehen schälen und klein schneiden. Die Schalotten abziehen und halbieren. Petersilie waschen, abtropfen lassen, klein schneiden und beiseitelegen.

Die Speckstreifen für einige Minuten in einem kleinen Topf mit etwas Wasser kochen lassen, abgießen, kalt abschrecken und abtropfen lassen. Die Hälfte der Butter in der Kasserolle erhitzen, die Speckstreifen darin hellbraun braten, herausnehmen und zur Seite stellen. Die Hähnchenstücke von allen Seiten in der heißen Butter anbraten, salzen, pfeffern und mit den Speckstreifen bei milder Hitze zugedeckt 10 Minuten braten, dabei einmal wenden. Den Deckel abnehmen und den Cognac über das Fleisch gießen, die Kasserolle dabei etwas hin- und herbewegen, damit sich der Cognac gut verteilt. Dann den Rotwein und so viel von der Hühnerbrühe über die Hähnchenstücke gießen, dass sie ganz mit Flüssigkeit bedeckt sind. Die zerdrückten Knoblauchzehen, die Thymianblättchen und das Lorbeerblatt hinzufügen und alles zugedeckt bei milder Hitze noch 30 Minuten schmoren lassen.

Das Öl in der Kasserolle erhitzen. Die Schalottenhälften und die gründlich geputzten Champignons darin bei milder Hitze zugedeckt 15 Minuten braten. Die Hähnchenstücke und Speckstreifen aus der Sauce nehmen und warm stellen.

Jetzt die Sauce noch so lange einkochen, bis sie sich auf eine Menge von 3 Tassen reduziert hat. 2 EL Butter in der Pfanne schmelzen, das Mehl hineinstäuben und verrühren, bis Butter und Mehl eine homogene Verbindung eingegangen sind. Das Lorbeerblatt aus der Sauce nehmen und diese in die Butter-Mehl-Mischung einrühren.

Zum Schluss Hähnchenstücke, Speckstreifen, Schalotten und Champignons in die Sauce geben und alles, ohne es kochen zu lassen, noch einmal gründlich erhitzen. Abschließend mit der Petersilie bestreuen und z. B. zusammen mit einem knusprigen Baguette servieren.

Zutaten
für 4 Personen

- 4 dünne Scheiben durchwachsener Speck
- 1 bratfertiges Hähnchen
- 1 Tasse Hühnerbrühe (Brühwürfel)
- 3 Knoblauchzehen
- 5 Schalotten
- 1 Bund Petersilie
- 4 EL Butter
- 1 TL Salz
- ¼ TL Pfeffer
- ¼ Tasse Cognac oder Brandwein
- 4 Tassen Rotwein (kräftige, fruchtige Sorte)
- 3 Zweige Thymian
- 1 Lorbeerblatt
- 1 EL Öl
- 250 g Champignons
- 1 gestr. EL Mehl

Köstliches Kakaosorbet

Als Erstes einen halben Liter Wasser und den Zucker in einen Topf geben und zum Kochen bringen. Dann von der Herdplatte nehmen und durch ein Sieb das Kakaopulver dazugeben. Dabei ständig mit dem Schneebesen kräftig aufschlagen, damit sich keine Klümpchen bilden. Wieder auf die Herdplatte zurücksetzen und bei niedriger Temperatur 10 Minuten unter ständigem Rühren köcheln lassen.

Dann die Schokolade in Stücke brechen und hineingeben. Kräftig rühren, bis die Schokolade geschmolzen ist und die Masse eine homogene Konsistenz aufweist. Abkühlen lassen und 2 Stunden in den Kühlschrank stellen. Abschließend die Mischung in eine Eismaschine geben, bis sie anfängt zu gefrieren. Dann in eine Schüssel füllen und im Gefrierfach noch leicht gefrieren lassen.

Zutaten
für 6 Personen

150 g Bitterschokolade
250 g feiner Kristallzucker
100 g Bitterkakaopulver

Schokoladen-Panna-Cotta mit Himbeeren

Die Schokolade raspeln. Dann in einem Topf die Milch und die Sahne erhitzen, die geraspelte Schokolade und den Zucker dazugeben. So lange verrühren, bis die Schokolade ganz geschmolzen ist. Die vorher in kaltem Wasser aufgeweichte Gelatine vorsichtig ausdrücken und in der geschmolzenen Schokolade unter Rühren auflösen. Anschließend die Creme in sechs Dessertgläser portionieren und für 2 – 3 Stunden in den Kühlschrank stellen. Dann die Himbeeren darauf verteilen.

Den Tortenguss nach Packungsanweisung zubereiten und einige Tropfen rote Lebensmittelfarbe hineingeben. Anschließend über die Himbeeren gießen, bis sie ganz mit Tortenguss bedeckt sind. Anschließend erneut kalt stellen. Erst vor dem Servieren mit Schokoladendekor garnieren.

Zutaten
für 6 Personen

120 g Bitterschokolade
450 ml flüssige süße Sahne (36 %)
150 ml Milch
50 g Zucker
3 Blatt Gelatine (6 g)
250 g Himbeeren
2 Tüten Tortenguss
roter Lebensmittelfarbstoff

Zutaten

Für den Teig:

125 g Butter oder Margarine
125 g Zucker
1 P. Vanillinzucker
2 Eier
50 ml Milch
200 g Mehl
1 TL Backpulver
1 Tafel Joghurtschokolade mit Beeren oder Roter Grütze

Für Belag und Dekoration:

12 Blatt Gelatine
1 Zitrone
125 g Zucker
500 ml Dickmilch
500 g Beeren der Saison (oder TK-Beeren, z. B. Himbeeren)
500 ml Sahne
50 g Pistazien

Beeren-Dickmilch-Torte

Teig: Fett, Zucker, Vanillinzucker schaumig rühren, Eier und Milch hinzufügen. Schokolade klein hacken. Dann Mehl, Backpulver und Schokolade unterheben und gut durchrühren. Den Teig in eine gefettete Springform (26 cm Ø) geben.

Backzeit: Umluft bei 175 °C 30 Minuten (Ober- und Unterhitze ca. 5 – 10 Minuten länger)

Belag: Gelatine in etwas Wasser einweichen. Zitrone auspressen, Saft mit dem Zucker erhitzen, Gelatine darin auflösen. Dickmilch einrühren und ca. 20 Minuten gelieren lassen. 250 ml Sahne steif schlagen. Beeren unterheben (einige für die Dekoration aufheben) und vorsichtig mit der Dickmilchmasse verrühren.

Fertigstellung/Dekoration: Den abgebackenen Boden so durchschneiden, dass ein dickerer und ein dünnerer Boden entsteht. Ersteren in eine Springform legen, Beerendickmilchmasse daraufstreichen, mit dem dünneren Boden abdecken und mind. 2 Std. kalt stellen. Torte aus dem Kühlschrank nehmen und aus der Springform lösen. Die restliche Sahne steif schlagen und die Torte damit bestreichen. Mit Sahnetupfern, Beeren und Pistazien garnieren.

Sommertorte mit Melonen

Mürbeteig: Alle Zutaten zu einem Teig verkneten und ca. 10 – 15 Minuten. (je nach Herdtyp) bei 180 °C in einer Springform (28 cm Ø) backen.

Knusper-Müsli-Boden: Einen Springformrand (28 cm Ø) auf den Mürbeteigboden legen. Butter bei schwacher Hitze schmelzen, etwas abkühlen lassen. In der Zwischenzeit den Mürbeteigboden mit Kuvertüre bestreichen. Zerlassene Butter mit Müsli mischen, dann die Knuspermischung auf dem Mürbeteigboden verteilen. Gut andrücken. Für eine Stunde in den Kühlschrank stellen.

Füllung: Pfirsiche gut abtropfen lassen, den Saft auffangen. Götterspeisepulver und Zucker mischen. Mit 200 ml Pfirsichsaft verrühren. Unter ständigem Rühren erwärmen, bis alles aufgelöst ist (nicht kochen!). Auskühlen lassen.

Die Hälfte der Pfirsiche in Stückchen schneiden, pürieren, mit Schmand und Vanillezucker verrühren. Götterspeise darunterrühren. Ca. 15 Minuten kalt stellen, bis es zu gelieren beginnt. Sahne steif schlagen und unter die Götterspeisemasse heben.

Fertigstellung: Etwas Creme auf den Müsliboden streichen. Die restlichen Pfirsichscheiben darauf verteilen, darauf die restliche Creme verteilen. Mind. 4 Std. kalt stellen. Für den Obstspiegel Maracujasaft mit Vanillesaucenpulver verrühren und über den fertigen Boden gießen.

Dekoration: Melonen halbieren und Kugeln mit dem Teelöffel ausstechen. Melonenkugeln erst kurz vor dem Servieren auf den Fruchtspiegel legen.

Zutaten

Für den Mürbeteig:

50 g Puderzucker
100 g Margarine
150 g Mehl

Für den Boden:

1 P. Vollmilchkuvertüre
100 g Butter
200 g Knusper-Müsli-Mischung
(entweder fertig gekauft oder selbst hergestellt aus: Haferflocken, Krokant, Nüssen, Mandeln, Getreideflocken, Rosinen)

Für die Füllung:

10 Pfirsichhälften (aus der Dose)
1 P. Götterspeisepulver „Zitrone"
für ½ l Flüssigkeit (kein Instantpulver)
75 g Zucker
250 g Schmand
1 P. Vanillezucker
250 g Schlagsahne

Für den Obstspiegel:

200 ml Maracujasaft
3 P. Instant-Vanillesaucenpulver
(Menge muss ausreichen, um 750 ml Flüssigkeit anzudicken)

Für die Dekoration:

15 – 20 Melonenkugeln
(aus Netz-, Galia- oder Honigmelonen)

„*Wenn die Schwalben jetzt schon ziehn,
sie vor naher Kälte fliehn.*"

> ● Vor dem Anrichten die Gazpacho noch einmal mit dem Schneebesen gründlich aufschlagen, da das Öl sich an der Oberfläche absetzt. Eine Gazpacho lässt sich auch – je nach Geschmack – mit anderen Zutaten herstellen. Das Wichtigste dabei ist die Kombination von frischen Paprika mit reifen Tomaten.

Gazpacho mit Feta

Gurke und Sellerie schälen und in kleine Stücke schneiden. Tomaten und Paprika klein würfeln. Einige Korianderblätter, Tomaten- und Paprikawürfel zur Seite stellen. Alle anderen Zutaten mit Ausnahme vom Feta vermengen und unter Zusatz von 500 ml Wasser pürieren. Gegebenenfalls nachwürzen und im Kühlschrank kalt stellen.

Vor dem Servieren die zur Seite gelegten Tomaten- und Paprikawürfel sowie den vorher gewürfelten Feta in der Tellermitte anrichten. Die frische Gazpacho darübergießen und mit den Korianderblättern dekorieren.

Zutaten
für 4 Personen

½ Salatgurke
100 g Knollensellerie
800 g Tomaten
½ gelbe Paprika
Korianderblätter
2 Knoblauchzehen
1 kleine Zwiebel
100 ml Olivenöl
1 EL Sherryessig
1 Prise Chili-Pfeffer „Espelette"
Salz, Pfeffer
1 kleines Glas Feta, in Olivenöl eingelegt

Kalte Kartoffel-Birnen-Suppe

Lauch waschen und in feine Streifen schneiden. Kartoffeln schälen, waschen und würfeln. Birnen schälen, entkernen und würfeln. Öl in einem Topf erhitzen. Lauch und Kartoffeln unter ständigem Rühren 5 Minuten darin garen. Birnenwürfel, Safran und Brühe dazugeben. Die Suppe zum Kochen bringen, dann die Hitze reduzieren und 15 Minuten bei geschlossenem Deckel köcheln lassen. Anschließend pürieren und mit Salz und Pfeffer abschmecken.

Die Suppe abkühlen lassen, in Suppentellern anrichten und mit Schnittlauch garnieren.

Zutaten
für 4 Personen

150 g Kartoffeln
250 g Lauch
2 Birnen
750 ml Gemüsebrühe
Olivenöl
1 Döschen Safran
2 EL Schnittlauchröllchen
Salz, Pfeffer

> ● Die Kartoffel-Birnen-Suppe schmeckt natürlich auch warm wunderbar.

August

Das ist gut für die Sehkraft. Außerdem wirken sie durch ihren hohen Kaliumgehalt stark entwässernd. Zur „Nährstoffpalette" der Aprikose gehören u. a. außerdem Fruchtsäuren (Apfel- und Zitronensäure), Calcium, Eisen und Folsäure. Noch ein kleiner Aprikosen-Sommer-Tipp: Aprikosenfruchtfleisch pürieren und mit gekühltem Mineralwasser aufgießen. Das erfrischt und löscht den Durst.

In Sachen Gemüse verdient es der Weißkohl, einmal lobend erwähnt zu werden. Wie seine Artverwandten ist der Weißkohl ein Kraftpaket an gesunden Inhaltsstoffen. Sein Verzehr wirkt cholesterinsenkend, blutbildend, entwässernd, entzündungshemmend, regt den Stoffwechsel an und entgiftet. Mehr geht (fast) nicht! Gute Gründe, um ihn so oft wie möglich auf den Speiseplan zu setzen. Nur eine Möglichkeit, ihn zu einem leckeren Gericht zuzubereiten, sind die Gefüllten Weißkohltaschen mit Zitronensauce von Seite 126. Abschließend noch ein Tipp für den Einkauf/die Ernte: Ein frischer Weißkohl hat feste, geschlossene Köpfe mit fein gerippten weißgelben Blättern. Sind die Weißkohlblätter weich, biegsam und gummiartig: Bitte liegen lassen!

Der besondere Küchentipp im August:

Indischer Sommersalat in Curryrahm

Gemüse-Lasagne

Den Spätsommer bewusst genießen

Der August, der 8. Monat im Jahr, ist nach dem römischen Kaiser Augustus benannt. Er gilt als der Urlaubsmonat des Jahres schlechthin. Er ist für viele außerdem der ideale Monat, um im Nutzgarten Obst und Gemüse zu ernten und abgeerntete kahle Flächen neu zu bepflanzen. Jetzt – im Spätsommer – regnet es häufiger als in den vorangegangenen Sommermonaten Juni und Juli. Auch werden die Nächte bereits kühler und deuten an, dass der Herbst nicht mehr weit entfernt ist.

Im Spätsommermonat August läuft der Countdown für Aprikosen, Kirschen, Pfirsiche und Johannisbeeren. Also gilt es für alle Liebhaber dieser Obstsorten, die letzte Gelegenheit beim Schopfe zu fassen, für die Herbst- und Wintermonate vorzusorgen und diese köstlichen Sommerfrüchte zu Kompott oder fruchtigen Brotaufstrichen zu verarbeiten. Rezepte für eine Aprikosenmarmelade und eine Kirschkonfitüre mit Sekt finden Sie auf der Seite 133.

Apropos Aprikosen: Sie gehören zu den Obstsorten, die am meisten Provitamin A (Betakarotin) enthalten.

August

Gazpacho mit Feta	122
Kalte Kartoffel-Birnen-Suppe	122
Indischer Sommersalat in Curryrahm	123
Maccheroni-Salat mit Brokkoli & Eiern	124
Bunter Fischauflauf	125
Kässpätzle-Auflauf	125
Gefüllte Weißkohltaschen mit Zitronensauce	126
Putenbrust an Paprikasauce mit Ingwer & Vanille	127
Gemüse-Lasagne	128
Zwiebelrostbraten	130
Heidelbeermousse mit Brioche	131
Eiskrokant-Torte	132
Aprikosenmarmelade	133
Kirschkonfitüre mit Sekt	133

Zutaten
für 4 Personen

Verschiedene Blattsalate (z. B. Eisberg, Radicchio, Chicorée)

2 – 3 Frühlingszwiebeln

800 g Hähnchenbrust

Salz, Pfeffer, Curry

1 Ananas (frisch oder aus der Dose)

2 – 3 kleine Bananen

Öl

Sonnenblumenkerne

1 TL Butter

Für das Dressing:

200 g Naturjoghurt

200 ml Sahne

200 ml saure Sahne

2 EL Salatmayonnaise

Salz, Pfeffer

6 TL Currypulver

1 Prise Zucker

Orangensaft

Indischer Sommersalat in Curryrahm

Die Blattsalate gründlich waschen, putzen und in mundgerechte Stücke zupfen. Die Frühlingszwiebeln waschen und in kleine Stücke schneiden. Beides gut miteinander vermengen.

Für das Dressing alle Zutaten in eine Schüssel geben, gut verrühren und abschließend mit ein wenig Orangensaft oder anderen Obstsäften – je nach geschmacklicher Vorliebe – verfeinern.

Die Hähnchenbrust gründlich abwaschen, dann parieren und mit etwas Salz, Pfeffer und Curry würzen. Die Ananas und Bananen schälen und in kleine Stücke schneiden. Die Hähnchenbrust in etwas Öl von beiden Seiten ca. 5 Minuten braten. Die Sonnenblumenkerne in einer zweiten Pfanne in Butter anbräunen, dann die Ananas- und Bananenstückchen dazugeben und goldbraun braten.

Den Salat mit dem Dressing, dem Obst und der geschnittenen Hähnchenbrust auf einem Teller anrichten.

! Dazu passen Baguette oder Reis wunderbar.

Maccheroni-Salat mit Brokkoli & Eiern

Spargel in 3 cm lange Stücke schneiden (weißen Spargel vorher schälen) und in Salzwasser 6–8 Minuten bissfest kochen. Karotten und Zucchini waschen und in dünne Scheiben hobeln, Brokkoli waschen und in kleine Röschen zerpflücken. Dann die Karottenscheibchen in reichlich Salzwasser mit Butter mindestens 15 Minuten gar kochen. Zucchini und Brokkoli dazugeben und weitere 5 Minuten weich kochen. Das Gemüse anschließend gut abtropfen lassen. Maccheroni al dente kochen. Alle Zutaten in eine Schüssel geben.

Für das Dressing ein hart gekochtes Ei mit einer Gabel zerdrücken. Die übrigen 4 Eier in Scheiben schneiden. Das zerdrückte Ei mit der gehackten Zwiebel und den Kräutern vermengen. Anschließend den Saft der Orangen hinzugeben und das Ganze mit Salz und Pfeffer abschmecken. Die Sauce über den Salat geben und unterheben. Die in Scheibchen geschnittenen Eier auf dem Salat dekorieren. Für mindestens 2 Stunden im Kühlschrank durchziehen lassen.

Zutaten

250 g kurze Maccheroni
250 g weißer oder grüner Spargel
2 Karotten
1 Zucchini, mittelgroß
200 g Brokkoli
5 hart gekochte Eier
1 gehackte Zwiebel
Saft von 2 großen Orangen
4 EL TK-Kräutermischung
Salz, Pfeffer

Bunter Fischauflauf

Zutaten
für 4 Personen

500 g Kartoffeln
1 Zucchini
1 rote Paprika,
1 gelbe Paprika
Olivenöl

Für die Käsesauce:

3 Eier
150 g Crème fraîche
100 g Emmentaler, gerieben
Salz, Pfeffer

Außerdem:

600 g Barsch
Petersilie, gehackt

Kartoffeln kochen, pellen und in dünne Scheiben schneiden. Zucchini waschen, die Enden abschneiden, und in Scheiben schneiden. Paprikaschoten waschen, entkernen und in Ringe schneiden. Zucchini und Paprika in etwas Olivenöl kurz anrösten. Den Ofen auf 200 °C Ober-/Unterhitze vorheizen. Eier mit Crème fraîche und Käse verquirlen, salzen und pfeffern. Eine Auflaufform mit Öl auspinseln, dann die Kartoffelscheiben, Paprikaringe und Zucchinischeiben in die Form schichten. Salzen und pfeffern und mit der halben Menge der Käsesauce übergießen. Die Fischfilets darauflegen und mit der restlichen Käsesauce übergießen. In den Backofen geben und 30 – 35 Minuten goldbraun überbacken.

Den Fischauflauf auf Tellern anrichten, mit Petersilie bestreuen und servieren.

Kässpätzle-Auflauf

Zutaten
für 4 Personen

Für den Spätzleteig:

400 g Mehl
1 TL Salz
4 Eier
etwas kohlensäurehaltiges Mineralwasser

Außerdem:

4 Zwiebeln
Butter
300 g geriebener Emmentaler
Salz, Pfeffer
Schnittlauch oder Petersilie zum Garnieren (nach Belieben)

Mehl, Salz, Eier und evtl. etwas Wasser zu einem Teig verrühren. So lange rühren, bis sich der Teig von der Schüsselwand löst. Die Spätzlepresse (Kartoffelpresse) kurz unter fließend kaltes Wasser halten, dann den Teig einfüllen und in einen Topf mit kochendem Salzwasser drücken. Die Spätzle herausheben, sobald sie an der Oberfläche schwimmen, und im Sieb abtropfen lassen.

Zwiebeln abziehen, in schmale Ringe schneiden und in Butter glasig dünsten. Anschließend die Spätzle, den geriebenen Käse und wieder Spätzle in eine gefettete Form schichten. Dabei jede Spätzleschicht salzen und pfeffern. Die Zwiebelringe auf den Spätzle verteilen. Im vorgeheizten Backofen bei 180 °C 15 – 20 Minuten überbacken. Vor dem Servieren mit Schnittlauch oder Petersilie garnieren.

Gefüllte Weißkohltaschen mit Zitronensauce

Zutaten
für 4 Personen

600 g Hackfleisch (½ Rind, ½ Schwein)
1 Weißkohl
300 ml Hühnerbrühe
100 g Reis
4 EL Olivenöl
6 Oliven
1 Bund frische Minze
2 Zwiebeln
Salz und Pfeffer

Für die Sauce:

2 Eier
Zitronensaft und Abrieb von 1 Zitrone
Salz, Muskatnuss

Die äußeren Blätter des Kohlkopfes entfernen und den Strunk herausschneiden. Den Weißkohl in kochendes Salzwasser geben und 10 Minuten garen. Danach mit einer Schaumkelle herausheben und abtropfen lassen.

Den Reis kochen, abgießen und in eine Schüssel geben. Die Zwiebeln würfeln, in Öl glasieren und zum Reis geben. Dann das Hackfleisch hinzufügen. Die Oliven entkernen, in dünne Scheiben schneiden und zusammen mit den fein gehackten Minzeblättern zum Hackfleisch geben. Gut vermengen und durchkneten.

Die Weißkohlblätter vorsichtig lösen, mit jeweils 1 EL der Hackfleischmischung befüllen, einschlagen und mit Küchengarn fixieren. Eine Kasserolle mit Öl einfetten und mit Kohlblättern auslegen. Die gefüllten Kohlblätter hineinlegen. Mit Hühnerbrühe und dem restlichen Öl aufgießen und zugedeckt bei geringer Hitze 45 Minuten garen.

Für die Sauce die Eier trennen. Das Eiweiß mit eine Prise Salz und Muskatnuss würzen und sehr steif schlagen. Dann die Eigelbe vorsichtig unterheben. Langsam den Schalenabrieb und Zitronensaft untermischen. Die gefüllten Weißkohltaschen auf Tellern anrichten und mit der Zitronensauce servieren.

Putenbrust an Paprikasauce mit Ingwer & Vanille

Zutaten
für 4 Personen

- 1 kg Putenbrust am Stück
- 1 Bio-Orange
- 100 g Zwiebeln
- 1 Knoblauchzehe
- 1 Stk. frischer Ingwer (ca. 6 cm)
- 1 rote Chilischote
- 1 Vanilleschote
- ½ TL Currypulver
- Meersalz
- 3 EL Pflanzenöl
- 2 Zweige Basilikum
- 1 EL Butter

Für die Paprikasauce:

- 1 gelbe Paprika (ca. 250 g)
- 1 kleine Schalotte (20 g)
- 3 EL Butter
- 250 ml Geflügelfond (Glas)
- Salz, schwarzer Pfeffer (aus der Mühle)

Den Backofen auf 150 °C (Ober- und Unterhitze) vorheizen. Das Fleisch kalt abbrausen, mit Küchenkrepp trocken tupfen und evtl. parieren (Sehnen entfernen). Die Orange heiß abwaschen, die Zwiebeln abziehen und beides in grobe Stücke schneiden. Knoblauch und Ingwer schälen, die Chilischote waschen, entkernen und alles grob zerkleinern. Die Vanilleschote längs aufritzen, das Mark mit dem Messerrücken herausschaben und die Schote beiseitelegen. Knoblauch, Ingwer, Chili, Vanillemark, Currypulver und Meersalz in den Mörser geben und zu einer feinen Paste zermahlen. Die Putenbrust damit ringsherum gründlich einreiben. Öl in einer Pfanne erhitzen und das Fleisch darin goldbraun von allen Seiten anbraten. Basilikum waschen und trocken schütteln. Die Blätter abzupfen, einige für die Garnitur zurückbehalten. In einer Auflaufform die Orangen- und Zwiebelstücke verteilen. Die Putenbrust darauf setzen und mit einigen Butterflöckchen belegen. Die ausgeschabte Vanilleschote und 6–8 Basilikumblätter mit in die Auflaufform legen. Das Fleisch auf der mittleren Schiene ca. 1 ¼ Stunde lang garen. Den Braten ca. alle 10 Minuten mit dem Fond aus der Form einpinseln.

Für die Paprikasauce die Paprika putzen, halbieren, entkernen und waschen. Die Hälften in kleine Stücke schneiden. Die Schalotte abziehen und fein würfeln. Die Butter (2 EL) in einem Topf erwärmen und die Schalotte darin bei schwacher Hitze 3 Minuten glasig dünsten. Die Paprikawürfel dazugeben und weitere 5 Minuten mitdünsten. Den Geflügelfond angießen, aufkochen und 20 Minuten bei schwacher Hitze offen köcheln lassen.

Den Braten aus der Auflaufform heben und auf eine Platte legen. Dann im Backofen bei 80 °C warm stellen. Für die Sauce die Bratenflüssigkeit durch ein Sieb passieren. 150 ml davon zur Paprikasauce geben, die Sahne dazugießen und 10 Minuten sämig einkochen. Die Sauce fein pürieren und mit Salz und Pfeffer abschmecken. Den Braten aufschneiden, mit der Paprikasauce auf vorgewärmten Tellern anrichten und mit Basilikumblättern garnieren.

Gemüse-Lasagne

Zutaten
für 4 Personen

Für den Nudelteig:

300 g Mehl
200 g Hartweizengrieß
2 EL Olivenöl
Salz, 3 Eier
etwas Wasser

(wahlweise fertige Lasagneplatten verwenden)

Für die Sauce:

1 EL Butter
1 EL Mehl
½ l Milch
100 g Parmesan oder Pecorino, frisch gerieben
1 EL Tomatenmark
Salz
schwarzer Pfeffer aus der Mühle

Für die Gemüsefüllung:

2 EL Butter
2 EL Öl
2 Stangen Lauch
6 Möhren
6 Tomaten
2 Zwiebeln
2 Knoblauchzehen
Salz
schwarzer Pfeffer aus der Mühle
2 Kugeln Mozzarella in Scheiben

Für den Nudelteig alle Zutaten gründlich miteinander verkneten, bis ein glatter Teig entsteht. Zu Anfang nicht zu viel Wasser verwenden. Sonst wird der Teig zu feucht und klebt. Den Teig in Frischhaltefolie einschlagen und ½ Stunde im Kühlschrank ruhen lassen. Anschließend zu Teigplatten ausrollen.

Für die Sauce die Butter im Topf schmelzen. Das Mehl hineinrühren und hellgelb werden lassen. Unter stetigem Rühren die Milch dazugießen. Darauf achten, dass keine Klümpchen entstehen. Dann den Käse darin schmelzen. Die Sauce bei kleiner Hitze ca. 10 Minuten köcheln lassen. Sie sollte dickflüssig sein. Damit nichts am Boden haften bleibt, immer wieder gut rühren. Dann das Tomatenmark unterrühren, salzen und pfeffern.

Für die Gemüsefüllung den Lauch waschen und in Ringe schneiden. Die Möhren waschen, evtl. schälen und in Scheiben schneiden. Zwiebeln und Knoblauchzehen abziehen und klein würfeln. Die Tomaten in kleine Stücke schneiden.

Butter und Öl in einer Pfanne erhitzen. Zwiebeln, Knoblauch, Lauch und Möhren darin anschwitzen und bissfest garen. Eventuell etwas Wasser zugießen. Abschließend die Tomatenstücke unterheben und kurz mitkochen. Alles salzen und pfeffern.

Die Sauce, Teigplatten und Gemüsemischung in einer Auflaufform zu einer Lasagne schichten. Dafür erst den Boden mit Sauce bedecken, eine Teigplatte auflegen, dann das Gemüse daraufschichten, wieder Sauce daraufgeben usw. Mit Sauce abschließen und das Ganze mit den Mozzarellascheiben belegen.

Im vorgeheizten Backofen bei 180 °C so lange backen, bis die Lasagne appetitlich gebräunt ist.

> **!** Wem die Béchamel-Käse-Sauce zu mächtig ist, kann stattdessen auch zu saurer Sahne oder Crème fraiche greifen. Auch bei der Gemüsefüllung gibt es viele Variationsmöglichkeiten. Je nach Saison und persönlichen Vorlieben.

Zwiebelrostbraten

Zutaten
für 2 Personen

2 Scheiben Entrecôte vom Rind à 200 g, mit Fettrand
Salz
Pfeffer aus der Mühle
2 EL Butterschmalz

Für die Zwiebelsauce:

4 Zwiebeln
40 g Butter
1 TL Tomatenmark
100 ml Weißwein
50 ml weißer Portwein
150 ml Kalbsfond
Salz
Pfeffer aus der Mühle
½ TL Majoran
1 TL Balsamicoessig

Für die Röstzwiebeln:

4 Zwiebeln
1 EL Mehl
6 EL Olivenöl

Für die Zwiebelsauce die Zwiebeln abziehen, halbieren, in feine Streifen schneiden und in der zerlassenen Butter unter Rühren hell braten. Das Tomatenmark einrühren und kurz anschwitzen. Mit Weißwein und Portwein ablöschen und die Flüssigkeit anschließend fast ganz einkochen lassen. Den Fond dazugeben und nur noch leicht einreduzieren. Die Sauce sollte schön sämig sein. Mit Salz, Pfeffer, Majoran und Balsamicoessig abschmecken und warm halten.

Für die Röstzwiebeln die Zwiebeln abziehen und in 2 – 3 mm dicke Ringe schneiden. Mit einem Gemüsehobel geht das gut und schnell. Die Zwiebelringe zusammen mit dem Mehl in einen Gefrierbeutel geben, diesen locker verschließen und so lange schütteln, bis die Zwiebelringe mit dem Mehl überzogen sind. Dann wieder herausnehmen, gründlich abklopfen und im Öl bei milder Hitze langsam backen, bis sie eine dunkelgelbe Farbe angenommen haben. Nicht zu dunkel werden lassen, sonst schmecken sie anschließend bitter. Dann aus der Pfanne nehmen und auf ein Küchenkrepp legen.

Die Fleischscheiben zwischen Frischhaltefolie legen und gleichmäßig plattieren (mit dem Handballen breit drücken und anschließend stauchen). Dann den Fettrand mehrfach einschneiden. Das Fleisch salzen, pfeffern und in Butterschmalz bei mittlerer Hitze ca. 6 – 8 Minuten von jeder Seite braten. Dabei immer wieder mit dem sich bildenden Bratfond begießen. Den Rostbraten auf vorgewärmten Tellern anrichten, mit Sauce umgießen und den Röstzwiebeln belegen.

! Dazu sind Rösti und Buttergemüse oder Gröstl aus Kartoffeln passende Beilagen.

Heidelbeermousse mit Brioche

Die Hälfte der Heidelbeeren pürieren und mit der Marmelade vermengen. Danach 300 ml Wasser zum Kochen bringen und Agar-Agar bzw. die vorher in kaltem Wasser eingeweichte und gut ausgedrückte Gelatine einrühren. Noch eine Minute auf der Herdplatte belassen, dann in die pürierten Heidelbeeren einrühren.

In einem kleinen Topf Zucker in 20 ml Wasser auf 120 °C (Stufe 3) erhitzen. Das Eiweiß zu Schnee steif schlagen. Den heißen Sirup über den Eischnee geben und so lange weiterschlagen, bis dieser völlig erkaltet ist. Anschießend vorsichtig unter das Heidelbeerpüree heben. Den kalten Schlagrahm (Kühlschranktemperatur) steif schlagen und ebenfalls unterziehen.

Die restlichen Heidelbeeren in den Dessertgläsern verteilen. Dann die Brioche-Scheiben toasten und mit Hilfe einer Ausstechform flache runde Scheiben vom Umfang des Gläserrandes ausstechen. Auf die Heidelbeeren legen, dann darauf die Mousse verteilen. Anschließend für 2 Stunden kühl stellen.

Zum Schluss jeweils eine feine Schicht Heidelbeermarmelade auf die Mousse geben.

Zutaten
für 4 Personen

400 g Heidelbeeren

3 EL Heidelbeermarmelade

1 Eiweiß

60 g Zucker

250 ml Schlagrahm

1 gestr. TL Agar-Agar (ersatzweise 2 Blatt Gelatine)

4 Scheiben Brioches (rundes Hefegebäck)

Eiskrokant-Torte

Zutaten

Für den Biskuitboden:

1 Ei
50 g Mehl
50 g Zucker
2 EL heißes Wasser

Für die Eiscreme:

200 g Haselnüsse (gemahlen)
5 Eier
200 g Zucker
1/2 l Sahne
1 – 2 EL Instant-Kaffeepulver
50 – 70 g geriebene Blockschokolade (Halbbitter oder Vollmilch, je nach Geschmack)

Das Ei trennen, Eischnee schlagen, Wasser hinzugießen, Zucker und Eigelb hinzufügen, Mehl einstreuen, alles gut verrühren und den Teig dann auf dem Boden einer Springform (Durchmesser: 26 cm) 10 Minuten bei 180 °C Umluft abbacken.

Krokantmasse: Eier trennen, Eischnee schlagen, Zucker hinzugeben und zum Schluss die Nüsse unterheben. Die Masse auf einem Backblech (mit Backpapier) verstreichen. Bei ca. 130 – 150 °C Umluft etwa 50 – 60 Minuten backen. Sobald die Masse gut getrocknet ist, den Krokant aus dem Backofen nehmen, auskühlen lassen und mit einer Teigrolle fein zerbröseln.

Sahne: Die Sahne schlagen und in 3 gleich große Mengen teilen. Ein Drittel pur lassen, ein Drittel mit der Blockschokolade vermischen und aus dem dritten Teil eine Mokkasahne herstellen. Dazu den Instantkaffee in 1 – 2 Esslöffel heißem Wasser auflösen und unter die Sahne ziehen.

Fertigstellung : Den Biskuitboden auf eine kältebeständige Kuchenplatte legen und mit einem Kuchenring versehen. Darauf folgende Schichten auftragen: Krokant, Mokkasahne, Krokant, Sahne pur, Krokant, Schokoladensahne, Krokant. Die fertige Torte muss 24 Stunden im Tiefkühlgerät durchfrieren. Ca. 15 Minuten vor dem Servieren herausnehmen, so entfaltet die Eiskrokant-Torte ihren vollen Geschmack.

! ● Die Eiskrokant-Torte ist die ideale Vorratstorte für unverhofften Besuch. Einmal zubereitet, lässt sie sich gut portionieren. Sie hält sich mindestens 3 – 4 Monate in der Tiefkühltruhe frisch, aber nur gut verpackt, denn Eis nimmt leicht Fremdgerüche an.

Aprikosenmarmelade

Die Aprikosen kurz in kochendes Wasser legen, dann kalt abschrecken, häuten, klein schneiden und dabei entkernen. In einem großen Topf das Aprikosen-Fruchtfleisch anschließend in dem Limettensaft weich kochen und durch ein Sieb passieren. 840 g abwiegen. Zusammen mit Zucker und Likör wieder in einen großen, hohen Topf geben und 4 Stunden ziehen lassen. Dann aufkochen und unter ständigem Rühren 4 Minuten sprudelnd kochen lassen.

Die heiße Marmelade randvoll in die sauberen, heiß ausgespülten Gläser füllen. Diese fest verschließen und 5 Minuten auf den Deckel stellen.

Zutaten
für ca. 6 Gläser à 220 ml Inhalt

1 200 g Aprikosen, (passiert 840 g)

Saft von 1 Limette

1 000 g Gelierzucker tropic 1:1 oder 500 g Gelierzucker 2:1

320 ml Pfirsichlikör (18 % Alkohol)

Kirschkonfitüre mit Sekt

Die Kirschen waschen, entsteinen und halbieren. 750 g abwiegen. Die Hälfte der Früchte pürieren, die andere Hälfte klein schneiden. Mit dem Gelierzucker, Zitronensaft und Sekt in einen großen, hohen Topf geben und über Nacht ziehen lassen.

Am nächsten Tag aufkochen und unter ständigem Rühren 4 Minuten sprudelnd kochen lassen. Die Gelierprobe machen. Dann die heiße Konfitüre randvoll in die sauberen, heiß ausgespülten Gläser füllen. Diese fest verschließen.

Zutaten
für ca. 6 Gläser à 220 ml Inhalt

900 g Sauerkirschen (entsteint gewogen 750 g)

1 000 g Gelierzucker 1:1

2 EL Zitronensaft

250 ml roter Sekt (halbtrocken)

! Auch mit Himbeeren oder Erdbeeren ist diese Konfitüre richtig lecker.

„Warmer und trockener Septembermond
mit vielen Früchten reichlich belohnt."

September

Rote-Bete-Suppe mit Lachsrogen & Dill	138
Weißkohlsuppe mit Speck	138
Zucchini-Cremesuppe mit Hühnchen & Basilikum	139
Gebratene Kürbisspalten	140
Kürbisrösti	140
Amerikanischer Reissalat mit Thunfisch & Mais	141
Feld-Kartoffel-Salat mit Roter Bete	141
Rucolasalat mit Austernpilzen & Hokkaido	142
Irish Stew	143
Châteaubriand	144
Mangold-Eintopf	146
Mangold-Lachs-Auflauf	147
Kleine Schokoküchlein mit flüssigem Kern	148
Schokoladen-Birnen-Crumble	148
Pflaumentorte	149
Holunderbeerengelee	149

> Der besondere Küchentipp im September:
> *Rote-Bete-Suppe mit Lachsrogen & Dill*
> *Irish Stew*

Es liegt was in der Luft ...

Der September ist der Monat der Tagundnachtgleiche. Die Tagundnachtgleichen sind die einzigen Tage im Jahr, an denen die Sonne genau im Osten auf- und genau im Westen untergeht und beide Erdhalbkugeln gleich beleuchtet werden. Die Tagundnachtgleiche im Frühling liegt um den 21. März (Frühlingsanfang), die Tagundnachtgleiche im Herbst um den 22. September (Herbstanfang). Astronomisch beginnt der Herbst also am 22. September. Die Tage werden kürzer, die Nächte kühler, die Natur wechselt ihr Erscheinungsbild. Das Laub beginnt, sich zu verfärben: ein sicheres Indiz dafür, dass sich der Jahreszeitenwechsel vollzieht. Der Sommer geht – der Herbst kommt.

Wenn man sich im Monat September auch von sommerlicher Leichtigkeit und Badefreuden verabschieden muss, trösten die „Farbspektakel" in der Natur, die gerade der Herbst zu bieten hat, darüber hinweg. Die Wälder präsentieren sich in leuchtenden Rotschattierungen und laden zu langen Spaziergängen in würziger Herbstluft ein. Herbstblumen wie die Herbstanemonen, die Chrysanthemen, die edlen Gladiolen, die Königinnen der Herbstblumen, und Herbstastern entfalten ihre Blütenpracht. Herbsttristesse – Fehlanzeige!

September

Auch kulinarisch setzt der Herbst Akzente. Ein klassisches Herbstgemüse ist die Rote Bete. Sie besitzt ein warmes, angenehm süß-säuerliches erdiges Aroma und gibt Salaten – wie z. B. dem Feld-Kartoffel-Salat auf Seite 141 – eine gewisse Raffinesse. Im September endet die Saison von frischem, heimischem Mangold. Mangold ist geschmacklich ein vielseitiges Gemüse, seine Blätter sind im Geschmack etwas würziger als Spinat, die Stiele erinnern geschmacklich an Spargel. Der Mangold führt hierzulande ein Schattendasein und ist bei den Gemüsesorten eher in der 2. Reihe anzutreffen – zu Unrecht. Als Beilage, Eintopf oder Auflaufkomponente – wie beim Mangold-Eintopf oder dem Mangold-Lachs-Auflauf auf den Seiten 146 und 147: Mangold ist auf jedem Speiseplan eine Bereicherung. Nicht zuletzt auch aufgrund seiner vielen gesunden Inhaltsstoffe. Da ist die Liste lang: Hoher Gehalt an Kalium, Calcium, Magnesium, Eisen, Folsäure, Betakarotin und Vitamin C. Und kalorienarm ist dieses tolle Gemüse außerdem.

Im September sind frische Pflaumen in Hülle und Fülle im Angebot. Eine gute Gelegenheit, den Herbst mit der Pflaumentorte von Seite 149 zu begrüßen.

Rote-Bete-Suppe mit Lachsrogen & Dill

Rote Bete schälen und in kleine Stückchen schneiden. Dann im Quellwasser oder in der Geflügelbrühe zum Kochen bringen. Dabei sollte die Flüssigkeit im Topf die Rote Bete gerade bedecken. Für 15 Minuten köcheln lassen. Von der Herdplatte nehmen und fein pürieren. Mit Crème fraîche, Butter und geriebener Muskatnuss (Menge nach Geschmack) verfeinern. Vor dem Servieren mit einem Teelöffel Lachsrogen und frischem Dill garnieren.

Zutaten
für 4 Personen

250 g vorgekochte Rote Bete
Quellwasser oder Geflügelbrühe
100 g Crème fraîche
20 g Butter
Salz, Pfeffer
1 Muskatnuss
40 g Lachsrogen
frischer Dill

! ● Wenn die Suppe sämiger geraten ist als erwünscht, kann man sie mit Geflügelbrühe und/oder Crème fraîche verlängern.

Weißkohlsuppe mit Speck

Eineinhalb Liter Salzwasser in einem großen Topf und 500 ml Salzwasser in einem Stieltopf zum Kochen bringen. Die Scheiben vom Bauchspeck jeweils dritteln. Die Kartoffel, Zwiebel, Möhren und die Navette jeweils schälen und abwaschen. Den Porree putzen, waschen und wie die Möhren in feine Ringe bzw. Scheiben schneiden. Die Kartoffel und die Navette fein würfeln, die Zwiebel und den Weißkohl in Spalten schneiden.

Zutaten
für 4 Personen

4 Scheiben geräucherter Bauchspeck
150 g Weißkohl
1 Kartoffel
1 weiße Rübe (Navette)
1 Stange Porree
2 Möhren
1 Zwiebel
2 Lorbeerblätter
2 Thymianzweige
Salz, Pfeffer

Den Weißkohl 1–2 Minuten im Stieltopf kurz blanchieren, mit Hilfe einer Schöpfkelle herausheben und zur Seite stellen. Das Gemüse im großen Topf kochen und den Speck, Thymian, die Lorbeerblätter sowie Salz und Pfeffer dazugeben. Nach 15 Minuten den Kohl hinzufügen und das Ganze noch mal 5–10 Minuten kochen lassen. Abschließend auf Tellern anrichten und servieren.

Zucchini-Cremesuppe mit Hühnchen & Basilikum

Die Zucchini gründlich abwaschen und in Stücke schneiden. Die Zwiebel häuten und klein würfeln. Die Basilikumblätter waschen, trocken tupfen und klein hacken. Die Zucchini in reichlich Salzwasser 15 Minuten kochen, anschließend abtropfen lassen.

Die Zwiebelwürfel in Butter anschwitzen und mit Curry bestäuben. Die Zucchinistückchen, die Geflügelbrühe und das Basilikum hinzufügen. Noch einmal für 20 Minuten köcheln lassen. Vom Herd nehmen und mit dem Schneidstab fein pürieren. Mit Salz und Pfeffer würzen und die Crème fraîche einarbeiten. Bei niedriger Temperatur unter ständigem Rühren wieder erwärmen.

Das Hähnchenschnitzel unter kaltem Wasser gut abspülen, parieren, in feine Würfel schneiden und in der Pfanne in Butter goldbraun und knusprig braten. Dann in die Suppe geben.

Vor dem Servieren mit Curry bestreuen und mit gehobeltem Parmesan dekorieren.

Zutaten
für 4 Personen

1 kg Zucchini
50 g frisches Basilikum
1 Zwiebel
40 g Butter
500 ml Geflügelbrühe
150 g Crème fraîche
1 TL Curry
Salz, Pfeffer
1 Hähnchenschnitzel
geriebener Parmesan

Gebratene Kürbisspalten

Die Kürbisscheiben in Spalten schneiden und beidseitig salzen und pfeffern. Mit Knoblauch bestreichen, mit Oregano, Thymian und Rosmarin bestreuen und in Öl braten.

Zusammen mit einem pikanten Kräuterdip sind gebratene Kürbisspalten eine wunderbare Vorspeise.

Zutaten
für 4 Personen

12 Kürbisscheiben, feste Sorte (z. B. Butternut, Delica, Hokkaido)

Salz, Pfeffer

1 durchgepresste Knoblauchzehe

1 TL Oregano, frisch oder getrocknet

1 TL Thymian, frisch oder getrocknet

1 TL Rosmarin, frisch oder getrocknet

2 EL Öl

 Für diese Beilage lässt sich auch eine eher saftige Kürbissorte verwenden wie z. B. Zucchini, Rondini oder Squash. Dann empfiehlt es sich, die Kürbisscheiben vorher leicht mit Mehl zu bestäuben.

Kürbisrösti

Das Kürbisfruchtfleisch fein und die Kartoffeln grob raspeln.

Die Kürbis- und Kartoffelraspel mit den übrigen Zutaten vermengen und im heißen Fett in der Pfanne portionsweise beidseitig backen.

Zutaten
für 4 Personen

300 g Kürbisfruchtfleisch, feste Sorte (z. B. Buttercup, Butternut, Delica)

2 festkochende Kartoffeln

50 g Haselnüsse, gerieben

2 Eier

50 g Mehl

Salz, Pfeffer

1 Msp. Muskatnuss

Butterschmalz oder Öl zum Anbraten

 Reicht man zu den Kürbisrösti Preiselbeerkompott, Apfelmus oder Kräuterquark, ergibt sich ein wunderbares Hauptgericht.

Amerikanischer Reissalat mit Thunfisch & Mais

Zutaten
für 4 Personen

300 g Reismischung (3 Reissorten)
50 g rote Paprika
50 g grüne Paprika
50 g gelbe Paprika
200 g junge Maiskölbchen (Dose)
200 g Thunfisch im eigenen Saft (Dose)
1 EL gehackte Petersilie
2 EL Essig
4 EL Sonnenblumenöl
Salz, Pfeffer

Den Reis nach Packungsanweisung kochen, abgießen und abkühlen lassen. Paprika waschen, entkernen und die weißen Innenhäute entfernen. Anschließend klein würfeln und mit dem Reis in einer großen Schüssel vermengen. Dann die Maiskolben, den Thunfisch und die Petersilie dazugeben.

Für die Vinaigrette Essig mit Öl verrühren und salzen. Über den Salat geben, mit Pfeffer würzen und vorsichtig vermischen.

Feld-Kartoffel-Salat mit Roter Bete

Zutaten
für 6 Personen

400 g Feldsalat
2 vorgekochte Rote Bete
1 rote Zwiebel
6 Kartoffeln
6 Eier
3 EL Olivenöl
1 EL Essig
Salz, Pfeffer

Die Kartoffeln schälen und in heißem Dampf garen. Den Feldsalat gründlich putzen (die Enden (Wurzeln) entfernen), waschen und sorgfältig trocknen. Die rote Zwiebel in feine Spalten und die Rote Bete in Scheiben schneiden, diese dann vierteln.

In kochendem Salzwasser die Eier 5 Minuten weich kochen lassen. Anschließend mit kaltem Wasser abschrecken und abpellen. Den Feldsalat auf tiefen Tellern anrichten. Die Kartoffeln in Scheiben schneiden und noch warm zusammen mit der Roten Bete und den Zwiebelspalten auf dem Feldsalat anrichten.

Aus Essig, Öl, Salz und Pfeffer abschließend eine Vinaigrette rühren und über den Salat geben. Die Eier halbieren und jeweils auf den Tellern platzieren.

Rucolasalat mit Austernpilzen & Hokkaido

Zutaten
für 4 Personen

Für den Salat:

200 g Austernpilze
300 g Hokkaido
½ Zwiebel
2 EL Öl
Salz, Pfeffer
2 Bund Rucola
100 g Parmesan, gehobelt
Petersilie

Für die Vinaigrette:

2 EL weißer Balsamicoessig
3 EL Oliven- oder Rapsöl
½ TL Senf (mittelscharf)
½ TL gekörnte Gemüsebrühe
1 TL Zucker
Salz, Pfeffer

Die Pilze gründlich putzen und klein schneiden, das Kürbisfruchtfleisch in feine Streifen hobeln. Die Zwiebel klein würfeln und im Öl anschwitzen. Dann Pilze und Kürbisstreifen dazugeben und ca. 5 Minuten mit dünsten, bis sie bissfest sind. Anschließend mit Salz und Pfeffer abschmecken.

Für die Vinaigrette alle angegebenen Zutaten in ein Schraubglas geben. Das Glas verschließen, kräftig schütteln und die Vinaigrette abschmecken.

Den gewaschenen und trocken geschleuderten Rucola auf den Tellern anrichten, die Pilz-Kürbis-Mischung daraufgeben und mit der Vinaigrette übergießen. Nach Belieben und Geschmack mit Parmesan und Petersilie garnieren.

!
● Der Hokkaido-Kürbis muss nicht geschält werden. Dadurch ist er unkompliziert in der Zubereitung: Einfach waschen, durchschneiden, entkernen und nach Belieben verarbeiten.

Irish Stew

Zutaten
für 4 Personen

5 große Zwiebeln
5 mittelgroße Möhren
800 g Lammschulter (oder Rind)
etwas Pflanzenöl
300 g frischer Weißkohl in dünnen Streifen
Salz, Pfeffer
Pfefferkörner (Menge nach Belieben)
600 ml Rinderfond
500 ml Starkbier
15 kleine Kartoffeln, festkochend
1 Lorbeerblatt
4 Zweige Thymian
1 EL Speisestärke
2 Knoblauchzehen, klein gehackt
1 EL Petersilie
1 EL Schnittlauchröllchen

Zwiebeln abziehen und fein hacken. Möhren waschen, schälen und fein würfeln. Lammfleisch waschen, trocken tupfen, in Stücke portionieren und in einer großen schweren Pfanne in etwas Pflanzenöl von allen Seiten mit großer Hitze gut anbraten. Das Fleisch dann in einen Bratentopf geben, dessen Größe für alle Zutaten ausreicht.

Zwiebeln, Weißkohl und Möhren in der Pfanne auf kleiner Hitze unter gelegentlichem Umrühren anschwitzen, bis die Zwiebeln glasig geworden sind. Zum Fleisch in den Schmortopf geben, gut vermengen und mit Salz und einigen ganzen Pfefferkörnern würzen.

Den Rinderfond und das Bier angießen. Kartoffeln schälen, waschen und auf dem Fleisch verteilen. Das Lorbeerblatt und den gehackten Knoblauch dazugeben, alles mit den Thymianzweigen abdecken und den Schmortopf schließen. Auf dem Herd zum Kochen bringen und dann im vorgeheizten Backofen bei 200 °C Ober-/Unterhitze (180 °C Umluft) etwa 90 Minuten schmoren, bis das Fleisch und die Kartoffeln weich sind.

Die Schmorflüssigkeit durch ein Sieb in einen Topf gießen und zum Kochen bringen. Die Speisestärke mit etwas Wasser anrühren und mit einem Schneebesen in die kochende Flüssigkeit einrühren. Unter ständigem Rühren mit dem Schneebesen noch einmal aufkochen. Mit Salz und Pfeffer abschmecken und wieder über das Fleisch und die Kartoffeln geben. Noch einmal abschmecken, mit fein gehackter Petersilie und den Schnittlauchröllchen garnieren und sofort servieren.

Châteaubriand

Zutaten
für 4 Personen

1 kg Rinderfilet
Öl zum Anbraten
Salz
Pfeffer aus der Mühle

Für die Marinade:

1 unbehandelte Limette
10 Wacholderbeeren
4 Pimentkörner
6 EL Öl

Für die Sauce béarnaise:

2 TL Pfefferkörner
400 ml Weißwein
4 EL Weißweinessig
1 Bund Estragon
200 g Butter
2 unbehandelte Zitronen
5 Eigelb
Mark von 1 Vanilleschote

Einfache Version Sauce béarnaise:

2 Eigelb
1 EL Zitronensaft
1 TL Senf (Dijon)
1 EL Crème fraîche
1 TL Zucker
150 g Butter
2 EL Estragon (gehackt)
Salz, Pfeffer

Die Limette waschen, trocknen und die Schale abreiben. Zusammen mit Wacholderbeeren und Pimentkörnern im Mörser fein zerstoßen. Das Rinderfilet waschen, mit Küchenkrepp trocken tupfen und in einen Gefrierbeutel geben. 6 EL Öl und die Wacholder-Piment-Mischung dazugeben, den Beutel verschließen und das Fleisch über Nacht marinieren.

Für die Basis der Sauce béarnaise eine Estragonreduktion herstellen. Dafür die Pfefferkörner zerdrücken und mit Wein, Essig und 3 Estragonzweigen in einen Topf geben. Zur Hälfte einkochen lassen. Die Butter bei mittlerer Hitze so lange kochen, bis sie leicht bräunlich wird. Danach sofort durch ein Küchentuch in einen anderen Topf gießen.

Den Backofen auf 160 °C Umluft vorheizen. Das Filet aus der Marinade heben und trocken tupfen. Die Marinade im Beutel in eine Schüssel gießen und zur Seite stellen. Das restliche Öl erhitzen und das Fleisch darin rundherum anbraten, bis es appetitlich gebräunt ist. Mit Salz und Pfeffer würzen. Das Fleisch auf ein mit Alufolie ausgelegtes Backblech legen und auf der mittleren Schiene im Backofen ca. 30 Minuten garen. Dabei mehrmals wenden. Anschließend aus dem Ofen nehmen und in Alufolie gewickelt ca. 5 Minuten ruhen lassen.

Von den vorher mit heißem Wasser gründlich abgewaschenen Zitronen die Schale abreiben. Die Estragonreduktion durchsieben und mit Eigelb und Vanillemark im heißen Wasserbad cremig aufschlagen. Hier ist Vorsicht geboten: Die Eimischung darf nicht zu heiß werden, sonst ist Rührei das Ergebnis. Sie muss ständig weitergeschlagen werden. Wenn ihre Konsistenz cremig genug ist, sofort aus dem heißen Wasserbad nehmen und in ein anderes Gefäß schütten. Dann mit Salz würzen. Die geklärte Butter erwärmen und in einem dünnen Strahl langsam unter die Eigelbcreme rühren. Den restlichen Estragon fein schneiden und unterrühren. Die Sauce béarnaise abschmecken, zusammen mit dem Filet anrichten und servieren.

Eine Sauce béarnaise lässt sich auch auf einfachere Weise herstellen. Dazu das Eigelb mit Zitronensaft, Senf, etwas Salz, Zucker und Crème fraîche in ein hohes Gefäß geben und mit einem Pürierstab glatt pürieren. Nun die Butter bei mittlerer Hitze so lange kochen, bis sie leicht bräunlich wird. Die Butter sofort durch ein Küchentuch in einen anderen Topf gießen. Dann langsam in einem dünnen Strahl zur Eigelb-Crème-fraîche-Mischung geben. Währenddessen den Pürierstab weiterlaufen lassen. Mit Salz, Pfeffer und Estragon würzen.

! Dazu gehört eine Gemüseplatte. Zusätzlich kann man Pommes frites oder einen Kartoffelgratin reichen.

Mangold-Eintopf

Zutaten
für 4 Personen

1 Mangold
(500 – 700 g)
6 – 7 Kartoffeln
(600 g)
2 Zwiebeln
100 g
Frühstücksspeck
(Bacon)
2 EL
Öl zum Anbraten
1 l Brühe
2 TL getrocknete
Thymianblätter
2 TL Speisestärke
Salz,
schwarzer Pfeffer
Muskatnuss
200 g Champignons
4 Tomaten
50 g Butter
Salz, Pfeffer

Mangold entblättern, dicke Stiele abschneiden. Den Mangold in kaltem Wasser waschen, in einem Sieb abtropfen lassen. Stiele klein würfeln (evtl. vorher dünn schälen). Blätter in schmale Streifen schneiden. Kartoffeln schälen, waschen und würfeln. Zwiebeln abziehen und würfeln. Den Speck in Streifen schneiden.

Öl erhitzen und Zwiebelwürfel darin hell anbraten. Speckstreifen dazugeben und unter ständigem Wenden mitbraten, bis sie etwas Farbe angenommen haben. Kartoffelwürfel und gewürfelte Mangoldstiele hineingeben und unterheben. Die noch nassen, in Streifen geschnittenen Mangoldblätter ebenfalls unterheben. Mit Brühe ablöschen, den Thymian hineinstreuen und alles noch einmal aufkochen. Dann bei reduzierter Temperatur den Eintopf noch ca. 30 – 35 Minuten köcheln lassen.

In wenig Wasser Speisestärke anrühren, zum Eintopf geben und unter Rühren einmal aufkochen lassen. Sollte der Eintopf noch zu flüssig sein, noch mal mit etwas Speisestärke abbinden. Dann alles mit Salz, reichlich schwarzem Pfeffer und geriebener Muskatnuss würzen.

Champignons putzen und in feine Scheiben schneiden. Tomaten waschen und würfeln (vorher den Strunk entfernen). In einer Pfanne Butter erhitzen und die Champignons darin braten. Kurz die Tomatenwürfel mit dazugeben, mit Salz und Pfeffer würzen und dann alles unter den Eintopf heben.

Zutaten
für 4 Personen

- 500 g Lachsfilet
- 1 unbeh. Zitrone
- 2 Zwiebeln
- 600 g gekochte Pellkartoffeln
- 300 g Mangold

Für die Käsesauce:

- 1 Knoblauchzehe
- 1 EL Butter
- 1 EL Mehl
- 300 ml Gemüsebrühe
- 200 g Schmelzkäse
- Salz, Pfeffer, Muskatnuss, gerieben

Außerdem:

- Butter zum Einfetten der Form

Mangold-Lachs-Auflauf

Den Lachs abwaschen, trocken tupfen und in große Würfel schneiden. Die Zitrone heiß abwaschen, die Schale abreiben, den Saft auspressen und über den Fisch gießen.

Zwiebeln abziehen und in Streifen schneiden. Kartoffeln pellen, je nach Größe halbieren bzw. vierteln. Mangold waschen, putzen, das Grün von den Stängeln entfernen. Dann klein schneiden, in ein Metallsieb geben und in dem Sieb ½ Minute in kochendem Wasser blanchieren. Gut abtropfen lassen. Wenn kein Metallsieb vorhanden ist, Mangold ins heiße Wasser geben und mit einer Schöpfkelle sofort wieder herausnehmen.

Den Backofen auf 200 °C (Umluft: 180 °C) vorheizen.

Knoblauch schälen und fein hacken. In einem Topf Butter zerlassen, den Knoblauch darin andünsten und das Mehl mit dem Schneebesen einrühren. Unter Rühren mit Brühe aufgießen und aufkochen. 5 Minuten köcheln lassen, dann vom Herd ziehen. Den Schmelzkäse unterrühren und die Sauce mit Salz, Pfeffer, Muskatnuss und Zitronenabrieb abschmecken.

Mangold in eine gefettete Auflaufform geben. Darauf den Lachs, die Zwiebeln und die Kartoffeln verteilen, mit Salz, Pfeffer und Muskat würzen. Die Käsesauce darübergießen und 15 Minuten im Ofen backen.

Kleine Schokoküchlein mit flüssigem Kern

Die Schokolade und Butter im Wasserbad oder in der Mikrowelle schmelzen. Unter Rühren den Zucker, die verquirlten Eier und zum Schluss das Mehl durch ein Sieb dazugeben und zu einem glatten Teig verrühren. Anschließend den Teig in Silikon- oder mit Butter gefettete und bemehlte feuerfeste Backförmchen gießen. Anschließend eine Stunde kalt stellen.

Dann für acht Minuten bei 210 °C im vorgeheizten Backofen backen. Die Törtchen wieder herausnehmen, 10 Minuten abkühlen lassen, dann aus den Backformen lösen und direkt verzehren.

Zutaten
für 6 Personen

300 g Bitterschokolade
150 g Butter
150 g feiner Kristallzucker
75 g Mehl
4 Eier

Schokoladen-Birnen-Crumble

Für den Crumbleteig die temperierte Butter mit einer Gabel durcharbeiten. Zucker, Mandelpulver, Mehl und Kakaopulver hinzufügen. Gut vermengen, bis die Masse eine grobkörnige Konsistenz aufweist. Dann den Crumbleteig für 30 Minuten in den Kühlschrank stellen.

Währenddessen die Sahne aufkochen und in 3 Schüben über die zerkleinerte Schokolade geben. Zu einer homogenen Masse verrühren und in 6 feuerfeste Förmchen gießen. Die Birnen schälen und in mundgerechte Stücke schneiden. Auf die Schokoladencreme geben und mit dem Crumbleteig bedecken. Für 20 Minuten bei 180 °C im vorgeheizten Backofen backen.

Noch warm zusammen mit einer Kugel Vanilleeis und Schlagsahne servieren.

Zutaten
für 6 Personen

4 Birnen
150 g Bitterschokolade
80 ml flüssige süße Sahne
50 g Butter
40 g Mehl
50 g Zucker
50 g Mandelpulver
1 EL Kakaopulver

Pflaumentorte

Zutaten

Für den Boden:

125 g Margarine
100 g Zucker
1 P. Vanillezucker
250 g Mehl
1 TL Backpulver
1 Ei

Für die Füllung:

250 ml Rotwein
350 ml roter Fruchtsaft
250 g Zucker
2 P. Vanillepuddingpulver
750 g Pflaumen

Für die Dekoration:

2 Becher Schlagsahne
1 P. Sahnesteif
& 1 Prise Zimt

Aus den angegebenen Zutaten einen Mürbeteig herstellen. 30 Minuten in den Kühlschrank stellen. Den Teig in eine Springform geben. Einen Rand von 3 cm hochziehen.

Füllung: Rotwein und Saft mit dem Zucker aufkochen (etwas Saft zum Anrühren zurückstellen). Vanillepuddingpulver anrühren und unter die kochende Flüssigkeit geben. Die Pflaumen entsteinen und vierteln. In die Puddingmasse geben und auf dem Mürbeteig verteilen.

Backzeit: 90 Minuten bei 175 °C. Mindestens 12 Stunden auskühlen lassen.

Fertigstellung: Sahne steif schlagen und auf dem Kuchen verteilen. Etwas Zimt darüberstreuen.

Holunderbeerengelee

Zutaten
für ca. 6 Gläser à 220 ml Inhalt

700 g Holunderbeeren (ohne Dolden)
300 ml weißer Traubensaft
Saft von 1 Zitrone
1 000 g Gelierzucker 1:1
2 cl Rum (nach Belieben)

Die Holunderbeeren von den Dolden streifen, in ein Wasserbad legen und vorsichtig, aber gründlich waschen. Die geforderte Menge abwiegen. Dann die Beeren zusammen mit dem Trauben- und Zitronensaft weich kochen. Ein Mulltuch in ein Sieb legen, die weich gekochten Beeren durchpassieren und den Sud in einem Topf auffangen. Den Gelierzucker hinzufügen, das Ganze aufkochen und unter ständigem Rühren 4 Minuten sprudelnd kochen lassen. Die Gelierprobe machen und den Topf von der heißen Herdplatte ziehen. Nach Belieben und Geschmack den Rum unterrühren.

Das Gelee heiß in die sauberen, heiß ausgespülten Gläser randvoll einfüllen und diese sofort fest verschließen. Für 5 Minuten auf den Deckel stellen.

„Im Oktober der Nebel viel,
bringt der Winter Flockenspiel."

Oktober

Cremesuppe mit grünen Linsen	154
Pfifferlingcremesuppe mit frischen Kräutern	155
Blattsalate mit Entenbrust & Roquefort-Bällchen	156
Fenchel-Möhren-Salat mit Walnüssen	156
Entenfrikadellen an Apfelrotkohl	157
Geschmortes Wildkaninchen mit Steinpilzen	158
Hackfleisch-Auflauf mit Roter Bete	159
Toskanischer Grünkohleintopf	160
Geeistes Ananassoufflé	162
Apfelbrot	163
Ostfriesischer Apfelbiskuit	163
Bratapfelkonfitüre	164
Kürbis-Orangen-Marmelade	165

Der besondere Küchentipp im Oktober:

Entenfrikadellen an Apfel-Rotkohl

Apfelduett aus der Backstube

Die Ernte wird eingebracht

Am 1. Sonntag im Oktober wird das Erntedankfest begangen. In den Kirchen werden die Ernteerträge gesegnet, in einigen Regionen gehört es zum Brauchtum, Prozessionen zu veranstalten und dabei eine aus Getreide oder Weinreben geflochtene „Erntekrone" durch das Dorf zu tragen. Symbolisch sind in den Kirchen Getreide, Feldfrüchte und Obst aufgestellt, Honig, Wein und Mehl kommen mancherorts noch dazu. Mit den Erntegaben bekunden die Menschen ihre Dankbarkeit an die Arbeit in der Landwirtschaft, die sie mit Nahrungsmitteln versorgt. Im Oktober werden die Uhren von der Sommer- wieder auf die Winterzeit umgestellt. Der Sommer ist abgehakt, der Herbst macht Freude!

Kulinarisch hat nämlich auch der Monat Oktober ganz viel zu bieten. Gemäß der Jahreszeit mit frischen Temperaturen stehen wieder deftige und kräftige Gerichte auf dem Küchenplan. Pilz- und Wildgerichte wie auch Kürbis- und Grünkohlgerichte erfreuen sich großer Beliebtheit und gehören unbedingt dazu. Die Pfifferlingcremesuppe mit frischen Kräutern von Seite 155 ist ein herbstlicher Hochgenuss, ebenso wie

Oktober

das Geschmorte Wildkaninchen mit Steinpilzen auf Seite 158. Apropos Pilze. Wer bei einem Waldspaziergang gerne Pilze sammelt – der Oktober ist gerade der richtige Monat dafür, diese kleinen Köstlichkeiten aus Mutter Erde auch zu finden. Unbedingte Voraussetzung: Man verfügt über die (lebens-) notwendigen Kenntnisse, die Speisepilze eindeutig von den nicht zum Verzehr geeigneten zu unterscheiden ...

Mit dem Herbst untrennbar verbunden ist der Kürbis. Er erfreut sich nicht nur als Dekorationsobjekt in dieser Jahreszeit großer Beliebtheit, sondern auch als Bereicherung einer gesunden, schmackhaften Ernährung. Der Kürbis ein Langweiler? Von wegen. Es gibt eine Vielfalt von Kürbissorten und ebenso viele Möglichkeiten, ihn zuzubereiten. Über die allseits bekannte Suppe hinaus eignen sich Kürbisse – je nach Beschaffenheit ihres Fruchtfleisches – für Desserts, Aufläufe, Eintöpfe, raffinierte Vorspeisen und Beilagen. Einkochen kann man sie natürlich auch. Zum Beispiel mit Orangen kombiniert zu einer köstlichen Kürbis-Orangen-Marmelade (siehe Seite 165).

Cremesuppe mit grünen Linsen

Die Möhre abwaschen, schälen und in Scheiben schneiden. Die Zwiebel häuten und klein würfeln. Die Linsen in einem großen Topf mit kaltem Wasser 3 Minuten aufkochen, dann abtropfen lassen und kalt abschrecken.

Die Zwiebelwürfel und Möhrenscheiben mit etwas Butter in einem Topf anschwitzen. Die Linsen, Thymian und das Lorbeerblatt hinzufügen. Gut umrühren und den Topf zu einem Drittel mit Wasser auffüllen. 30 Minuten kochen lassen. Abschließend etwas salzen, damit die Linsen nicht hart werden.

Für die Dekoration ca. ein Drittel der Linsenmenge zur Seite stellen. Das Lorbeerblatt herausnehmen. Dann Milch hinzufügen und das Ganze pürieren. Eventuell durch ein Sieb passieren, wenn die Cremesuppe ganz fein sein soll. Anschließend die Crème fraîche, ein nussgroßes Stück Butter und geriebenen Muskat hineingeben. Mit Salz und Pfeffer würzen.

Vor dem Servieren die Suppe mit Linsen garnieren und einen Schuss Walnussöl hineingeben.

Zutaten
für 4 Personen

- 350 g grüne Linsen
- 1 Möhre
- 1 Zwiebel
- Thymian
- 1 Lorbeerblatt
- 600 ml Milch
- 200 g Crème fraîche
- 20 g Butter
- Salz, Pfeffer, Muskatnuss
- Walnussöl

Pfifferlingcremesuppe mit frischen Kräutern

Die Pfifferlinge gründlich putzen. Die Schalotten abziehen und fein würfeln. Butter in einem Topf erhitzen und Pfifferlinge und Schalottenwürfel darin andünsten. Mit Salz und Pfeffer würzen.

Die Hälfte der Pfifferlinge mit einer Schaumkelle herausnehmen und beiseitestellen. Etwas Kalbsfond zu den im Topf verbliebenen Pfifferlingen gießen und die Pilze mit dem Pürierstab pürieren. Dann mit dem restlichen Kalbsfond und der Sahne auffüllen. Die vorher beiseitegestellten Pfifferlinge wieder dazugeben und 5 – 7 Minuten bei schwacher Hitze köcheln lassen. Mit Salz, Pfeffer und Muskatgewürz abschmecken.

Die Kräuter waschen und trocken tupfen. Die Thymianblättchen von den Stielen abzupfen und mit der Petersilie fein hacken. Den Schnittlauch in feine Röllchen schneiden. Die Kräuter abschließend zur Suppe geben.

Zutaten
für 4 Personen

- 250 g frische Pfifferlinge
- 50 g Schalotten
- 25 g Butter
- 750 ml Kalbsfond
- 125 ml Schlagsahne
- Salz
- schwarzer Pfeffer aus der Mühle
- Muskatnuss, frisch gerieben
- 4 Zweige Thymian
- ½ Bund Petersilie
- ½ Bund Schnittlauch

! Wer die Suppe etwas sämiger mag, reibt nach Hinzugabe von Fond und Sahne noch eine geschälte Kartoffel hinein. Dann die Suppe so lange kochen lassen, bis die Kartoffelstückchen weich sind. Zum Schluss das Ganze noch mal pürieren.

Blattsalate mit Entenbrust & Roquefort-Bällchen

Zutaten
für 2 Personen

40 g Roquefort
40 g weiche Butter
60 g Walnusshälften
100 g gemischte Blattsalate
1 Birne
90 g geräucherte Entenbrust
1 EL Balsamicoessig
1 EL Walnussöl
1 Lauchzwiebel
Fleur de Sel (bzw. handelsübliches Meersalz)
Pfeffer aus der Mühle

Den Roquefort und die Butter in einen tiefen Teller geben. Mit Hilfe einer Gabel gründlich vermengen. Die Nüsse sehr klein hacken (einige Nusshälften für die Garnitur zurückbehalten). Aus jeweils einer kleinen Menge der Roquefort-Butter-Mischung kleine Bällchen formen und in den Nusssplittern wälzen. Kühl stellen, damit sie fest werden. Die Blattsalate waschen und trocken schleudern, die Birne schälen, entkernen und würfeln. Die Entenbrust in feine Streifen schneiden. Alles zusammen in eine große Salatschüssel geben. Für die Vinaigrette mit einem Schneebesen den Balsamicoessig mit dem Walnussöl verrühren und über den Salat geben. Mit Salz und Pfeffer würzen und alles gut vermengen.

Die Frühlingszwiebel waschen, putzen, in kleine Stückchen schneiden und wie die restlichen Walnusshälften über den Salat geben. Abschließend mit den gekühlten Roquefort-Bällchen garnieren.

Fenchel-Möhren-Salat mit Walnüssen

Für die Marinade alle Zutaten vermengen und mit Salz und Curry würzen.

Den Fenchel waschen, putzen und vierteln. Dann den Strunk herausschneiden und die Viertel in sehr feine Streifen schneiden. Die Möhren waschen, putzen und grob raspeln. Die Banane schälen, längs halbieren, in Scheiben schneiden oder würfeln. Das Obst und Gemüse jeweils direkt in die Marinade geben.

Zutaten
für 4 Personen

250 g Fenchel
250 g Möhren
1 Banane
3 EL Walnüsse

Für die Marinade:

150 g Naturjoghurt
5 EL Sahne
Saft von 1 Orange
Salz, Curry

Die Walnüsse grob hacken und hinzufügen. Alles gut vermengen, noch einmal abschmecken und vor dem Servieren eventuell mit Fenchelgrün bestreuen.

Zutaten
für 4 Personen

Für die Frikadellen:

500 g Entenbrust oder entbeinte Entenkeulen
1 altbackenes Brötchen
1 Tasse Milch
1 große rote Zwiebel
1 Knoblauchzehe
½ Bund Petersilie
Salz, Pfeffer
Sonnenblumenöl

Für die Sauce:

¼ l Kalbsfond
100 ml Rotwein
1 EL kalte Butter

Für den Apfelrotkohl:

500 g Rotkohl
1 Apfel (Boskop)
1 große rote Zwiebel
Butterschmalz
3 EL Balsamicoessig
150 ml Rotwein
2 Lorbeerblätter
2 EL Preiselbeeren

Entenfrikadellen an Apfelrotkohl

Für die Frikadellen das Brötchen zerkleinern und in warmer Milch einweichen. Das Entenfleisch mit Haut vom Metzger durch den Fleischwolf drehen lassen. Eine Zwiebel in feine Würfel schneiden und zusammen mit Brötchen und Fleisch in eine Schüssel geben. Petersilie hacken, Knoblauch durchpressen und beides hinzufügen. Alles gut vermengen und mit Salz und Pfeffer abschmecken. Frikadellen formen und von beiden Seiten gut in Öl anbraten. Hitze auf kleinste Stufe reduzieren und die Frikadellen gar ziehen lassen.

Für den Apfelrotkohl Apfel und Zwiebel würfeln und beides in Butterschmalz anschwitzen. Rotkohl in Streifen schneiden und mit den Lorbeerblättern zu den Zwiebel- und Apfelwürfeln geben. Mit Essig und Rotwein ablöschen. Rotkohl bei geschlossenem Deckel mindestens 20 Minuten garen lassen. Die Preiselbeeren hinzufügen, alles mit Salz und Pfeffer abschmecken und weitere 15 Minuten garen lassen. (Der Rotkohl schmeckt noch besser, wenn er schon am Vortag zubereitet wurde.)

Für die Sauce Kalbsfond in einen kleinen Topf geben und zusammen mit Rotwein einkochen lassen. Kurz vor dem Servieren die Sauce mit kalter Butter montieren. Die Frikadellen mit Sauce und Rotkohl anrichten.

! ● Dazu passen Salz- oder Petersilienkartoffeln, Rösti oder Kartoffelpüree.

Geschmortes Wildkaninchen mit Steinpilzen

Zutaten
für 4 Personen

1 Wildkaninchen à 1,2 kg (ca.)
10 g frische oder getrocknete Steinpilze
1 EL Mehl
2 kleine Zwiebeln
1 kleine Möhre
200 g Lauch
2 Tranchen Bratspeck
2 Tomaten
1 EL Olivenöl
10 g Butter
Salz, Pfeffer aus der Mühle
150 ml Weißwein
1 Zweig frischer Salbei
100 ml Rahm
1 EL scharfer Senf

Kaninchen in Stücke teilen (oder vom Metzger teilen lassen), abwaschen, trocken tupfen und rundum mit Mehl bestäuben. Getrocknete Steinpilze in lauwarmem Wasser einweichen (entfällt bei frischen Steinpilzen). Zwiebeln abziehen und wie das Gemüse klein schneiden, Speck in Streifen schneiden. Tomaten kreuzweise einschneiden, in kochendes Wasser tauchen, bis sich die Haut abzulösen beginnt. Kalt abschrecken, schälen und vierteln.

Den Backofen auf 160 °C vorheizen. Öl und Butter in einem verschließbaren Bratentopf erhitzen. Fleisch portionsweise von allen Seiten gut anbraten, dann salzen und pfeffern. Gemüse und Speck dazugeben und mitrösten. Mit Wein ablöschen. Salbei und die abgetropften Pilze hinzufügen. Zugedeckt im Ofen 1,5 Stunden bei kleiner Hitze schmoren (Fleisch ab und zu wenden). Wenn nötig, etwas Wein nachgießen.

Wenn das Fleisch gar ist (löst sich leicht vom Knochen), Rahm und Senf verrühren und dazugeben. 10 Minuten zugedeckt weitergaren, bis die Sauce etwas bindet. Mit Salz und Pfeffer abschmecken.

! Dazu passen z. B. Spätzle, geschmorte Kartoffeln oder Polenta als Beilagen. Ein Blattsalat, grüne Bohnen oder Rahmwirsing runden dieses Wildgericht hervorragend ab.

Hackfleisch-Auflauf mit Roter Bete

Rote Bete in Salzwasser ca. 20–30 Minuten garen. (Die Roten Beten sollten nicht zu groß sein, weil sonst der Garprozess sehr lang dauert.) Danach enthäuten und in sehr dünne Scheiben schneiden.

Den Backofen auf 180 °C vorheizen. Das Rindshackfleisch in eine Schüssel geben und mit Haferflocken, Eiern und Magerquark verkneten. Mit Salz, Pfeffer und Paprikapulver abschmecken. Anschließend die Hackmischung abwechselnd mit den Rote-Bete-Scheiben in eine Auflaufform schichten und mit der heißen Brühe übergießen.

Die Semmelbrösel mit Haselnüssen und geriebenem Meerrettich mischen und den Hackfleisch-Auflauf damit bestreuen. Abschließend die Butterflocken darauf verteilen und den Auflauf im Backofen ca. 30 Minuten garen.

Zutaten
für 4 Personen

- 400 g Rote Bete
- 500 g Hackfleisch (Rind)
- 50 g Haferflocken
- 2 Eier
- 50 g Magerquark
- 250 ml Brühe
- 50 g Semmelbrösel
- 50 g gemahlene Haselnüsse
- 2 TL frisch geriebener Meerrettich
- 50 g Butterflocken
- Paprikapulver
- Salz, Pfeffer

! Zu diesem Auflauf passt ein knackiger Karottensalat wunderbar.

Toskanischer Grünkohleintopf

In einem großen Topf bei mittlerer Hitze 3 EL Olivenöl erhitzen. Die Zwiebelringe darin unter Rühren weich dünsten. Möhren, Sellerie und den durchgepressten Knoblauch dazugeben und 2 – 3 Minuten braten. Dabei ständig weiterrühren. Dann Zucchini, Paprika, Salbei und Rosmarin einrühren und so lange braten, bis die Zucchini weich zu werden beginnen (ca. 4 – 5 Minuten). Dann das Ganze in eine Schüssel geben.

Den gewaschenen nassen Grünkohl in den Topf geben und zugedeckt bei mittlerer Hitze dämpfen. Nach ca. 3 Minuten wenden und weiterdämpfen, bis der Grünkohl zusammengefallen ist (ca. 2 – 3 Minuten). Danach auf ein Abtropfsieb geben und den Sud auffangen. Den Grünkohl grob hacken und zusammen mit dem Sud zum Gemüse in die Schüssel geben. Die abgespülten, abgetropften Bohnen, die Tomaten und Salz unter die Gemüsemischung heben, alles gut vermengen und abschmecken.

Den Backofengrill (Oberhitze) auf maximale Temperatur vorheizen. Die Brotscheiben auf ein Backblech legen und im Ofen goldbraun toasten. Die Ofentemperatur auf 200 °C herunterschalten.

Eine Schicht der Gemüsemischung in den Topf geben und mit einer Lage (6 Scheiben) getoastetem Brot bedecken. Dann die Hälfte der restlichen Gemüsemischung daraufschichten, die letzten 6 Brotscheiben darauflegen und mit der zweiten Hälfte der Gemüsemischung abschließen. Anschließend so viel Brühe zugießen, dass sie knapp an den Rand der obersten Gemüseschicht heranreicht. Die Oberfläche der Gemüseschicht soll nicht mit Brühe bedeckt sein.

In einer kleinen Pfanne bei mittlerer Hitze 4 EL Olivenöl erhitzen, die 2 ganzen Knoblauchzehen dazugeben und 5 Minuten köcheln lassen. Die Knoblauchzehen wieder entfernen und etwas von dem Öl über das Gemüse träufeln.

Den Toskanischen Grünkohleintopf (Ribollita) in den Backofen geben und ca. 30 – 45 Minuten schmoren, bis die Oberfläche goldbraun ist. Vor dem Servieren 5 Minuten ruhen lassen. Mit etwas Olivenöl beträufeln und mit Parmesan und Pfeffer bestreuen.

Zutaten
für 4 Personen

Olivenöl

2 Zwiebeln in Ringen

4 Möhren in dicken Scheiben

3 Stangen Sellerie in dicken Scheiben

5 Knoblauchzehen (3 durchgepresst, 2 ganz)

2 kleine Zucchini in Scheiben

1 rote Paprikaschote in Streifen

5 Blätter Salbei

1 Zweig Rosmarin

750 g frischer Grünkohl (entstielt und gewaschen)

400 g Cannellini-Bohnen (oder weiße Bohnen) aus der Dose

6 Tomaten in langen Streifen

12 Scheiben Brot oder Baguette

3 l Hühnerbrühe

8 EL Parmesan, frisch gerieben

Salz, schwarzer Pfeffer

Geeistes Ananassoufflé

Eine Ananasscheibe in kleine Stücke schneiden. Dann 3 Ananasscheiben klein schneiden und mit einem Stabmixer fein pürieren. Die restlichen 4 Ananasscheiben für die Dekoration beiseitelegen.

In einer Schüssel mit einem Schneebesen die Eier mit dem Zucker aufschlagen. Anschließend auf dem Herd im Wasserbad locker luftig aufschlagen. Einen Spritzer Rum (nach Belieben) und das pürierte Fruchtfleisch der Ananas hinzufügen. Die kalte Sahne steif schlagen und vorsichtig einarbeiten. Anschließend die Ananasstückchen unterrühren.

Die Dessertgläser jeweils mit doppelt gefalteten Brot- oder Backpapierstreifen ummanteln, so dass ein ca. 3 cm breiter „Kragen" übersteht. Die Streifen mit Küchengarn festbinden oder mit Büroklammern befestigen. (Auf diese Weise können die Gläser über ihren eigentlichen Rand hinaus gefüllt werden, was beim Servieren sehr dekorativ aussieht.) Die Ananas-Masse in die Dessertgläser bis obenhin einfüllen und für mindestens 6 Stunden ins Gefrierfach stellen. Etwa 15 Minuten vor dem Servieren aus dem Gefrierfach nehmen und in den Kühlschrank stellen.

Kurz vor dem Servieren die Papiermanschetten von den Gläsern entfernen. Dann das geeiste Ananassoufflé jeweils mit einer Ananasscheibe und einem Klecks Sahne dekorieren und servieren.

Zutaten
für 4 Personen

8 Scheiben von frischer Ananas

3 Eier

80 g feiner Kristallzucker

Rum (nach Geschmack)

250 ml Sahne

> ❗ Wer es kräftiger mag, kann noch 1 – 2 TL Zimt und Kakao unterrühren. So bekommt das Apfelbrot zur Weihnachtszeit einen kräftigeren Geschmack und eine schöne braune Farbe. Apfelbrot schmeckt zum Kaffee, serviert mit Butter und/oder Konfitüre.

Apfelbrot

Die Äpfel schälen, entkernen und in kleine Stücke schneiden. Mit Zucker und Apfelkorn vermischen und über Nacht ziehen lassen.

Am nächsten Tag alle übrigen Zutaten in eine Schüssel geben, vermengen und die eingeweichten Apfelstücke hinzugeben. Alles gut vermischen und in eine gefettete oder mit Backpapier ausgelegte Kastenform füllen. Die Form sollte für 1,5 – 2 kg geeignet sein. Bei 220 °C Ober- und Unterhitze (Umluft: 200 °C) ca. 60 – 70 Minuten backen.

Zutaten

750 g Äpfel (möglichst eine saure Sorte, z. B. Boskop oder Jonagold)
150 g Zucker
2 – 3 EL Apfelbrand, z. B. Apfelkorn
200 g Nüsse (nach Belieben Hasel- oder Walnüsse bzw. Mandeln)
500 g Mehl
1 P. Backpulver
200 g Rosinen

Ostfriesischer Apfelbiskuit

Eier und Zucker schaumig rühren. Butter und Milch aufkochen und langsam unter die Schaummasse rühren. Dann Mehl und Backpulver dazugeben. In einer mit Backpapier ausgelegten Springform verstreichen.

Belag: Die Äpfel schälen und in Schnitze schneiden. Auf dem Teig verteilen und mit Zucker, Zimt und Mandeln bestreuen.

Backzeit: 20 – 30 Minuten bei 200 °C.

Zutaten

Für den Biskuit:

4 Eier
350 g Zucker
120 g Butter
300 g Mehl
1/8 l Milch
2 gestr. TL Backpulver

Für den Belag:

6 – 8 säuerliche Äpfel (z. B. Boskop)
1 TL Zimt
3 EL Zucker
½ P. gehobelte Mandeln

Bratapfelkonfitüre

Die Äpfel schälen, in Streifen raspeln und 1 000 g abwiegen. In eine Schüssel geben und mit Zitronensaft beträufeln. Mit dem Gelierzucker vermengen und 4 Stunden ziehen lassen. Die Rosinen im Rum einweichen und ebenfalls einige Zeit ziehen lassen. Dann die Äpfel in einem großen, hohen Topf erhitzen. Die Rosinen mit dem Rum, den Zimtstangen und der Vanilleschote zugeben und aufkochen. Unter ständigem Rühren 3 Minuten sprudelnd kochen lassen. Dann die Mandeln hinzufügen und noch 1 Minute weiterrühren. Die Gelierprobe machen. Wenn die Masse noch nicht genügend geliert ist, noch etwas länger kochen lassen. Dann die Zimtstangen und die Vanilleschote entfernen.

Den Topf von der Herdplatte ziehen. Nach Belieben den Mandellikör unterrühren und die Konfitüre randvoll in die sauberen, heiß ausgespülten Gläser füllen. Diese sofort fest verschließen.

Wichtig zu wissen: Wegen der Zugabe von Gewürzen und Mandeln bzw. Nüssen verkürzt sich die Haltbarkeit der Konfitüre auf ca. 6 Monate!

Zutaten
für ca. 4 Gläser à 220 ml Inhalt

1 400 g säuerliche Äpfel (z. B. Elstar oder Boskop)

Saft von 2 Zitronen

500 g Gelierzucker 2:1

50 g Rosinen

100 ml Rum

50 g gehackte Mandeln oder Haselnüsse

2 Zimtstangen

1 Vanilleschote

2 cl Mandellikör (nach Belieben)

! Probieren Sie diese weihnachtliche Konfitüre auf einem Pfannkuchen. Den Pfannkuchen mit Konfitüre bestreichen, zusammenrollen und mit Puderzucker bestreuen: Das schmeckt einfach köstlich.

Kürbis-Orangen-Marmelade

Den Kürbis aufschneiden, schälen und entkernen. Das Kürbisfruchtfleisch fein raspeln und abwiegen. Mit Orangensaft und -fruchtfleisch in einen großen, hohen Topf geben. Die Masse weich kochen, dabei ab und zu umrühren.

Die Zitrone heiß abwaschen, trocknen und die Schale abreiben. Die Zitrone auspressen, den Zitronensaft mit dem Gelierzucker zur Kürbis-Orangen-Masse geben. Alles aufkochen und 4 Minuten sprudelnd kochen lassen. Währenddessen ständig umrühren. Die Gelierprobe machen und den Topf von der heißen Herdplatte ziehen. Den Orangenlikör unterrühren.

Die heiße Marmelade randvoll in die sauberen, heiß ausgespülten Gläser füllen und fest verschließen. Für 5 Minuten auf den Deckel stellen.

Zutaten
für ca. 6 Gläser à 220 ml Inhalt

600 g Kürbis (z. B. 1 kleiner Hokkaido)

400 ml Orangensaft mit Fruchtfleisch (Handelsware oder frisch gepresst von 4 Orangen)

Abrieb und Saft von 1 unbeh. Zitrone

1000 g Gelierzucker 1:1

2 cl Orangenlikör (nach Belieben)

„St. Martin setzt sich schon mit Dank
zum warmen Ofen an die Bank."

November

Topinambur-Samtsuppe mit Wildklößchen	170
Blätterteigtaschen mit Grünkohl	171
Avocado-Grapefruit-Salat im Glas	172
Borschtsch	173
Gänsebraten	174
Grünkohlauflauf mit Knusperhaube	175
Saltimbocca vom Hirsch	176
Dampfnudeln	177
Schweinekrustenbraten	178
Feines Schokoladen-Tiramisu	180
Ananas-Kuppel-Torte	180
Obsttorte	181

> Der besondere Küchentipp im November:
> *Saltimbocca vom Hirsch*
> *Ananas-Kuppel-Torte*

Der Tristesse in der Natur kulinarisch begegnen

„Wonnemonat" November? Nicht unbedingt! Dieser Monat – von unseren Ahnen auch treffend „Nebelung" genannt – erfreut sich in hiesigen Breiten nicht allzu großer Sympathie. Das hat handfeste meteorologische Gründe. Regen, schwere Wolken, Nebel, tristes Grau und eine nasse Kälte gehören zu den viel zitierten „trüben Aussichten" in den Wetterberichten. Auch Heinrich Heine beschrieb in „Deutschland, ein Wintermärchen" den November als einen traurigen Monat mit trüben Tagen, in dem der Wind den Bäumen ihr Laub entreißt. Im Kirchenjahr gilt der November als ein Monat der Besinnung und des Gedenkens. Am 1. November – an Allerheiligen – gedenkt die römisch-katholische Kirche ihrer Heiligen, am 2. November – Allerseelen – wird der Verstorbenen gedacht.

Der November ist also ein Monat der Ruhe, der Besinnung ... und des griesegrauen freudlosen Wetters. Was liegt da näher, als Stimmungseintrübungen kulinarisch-kreativ zu bezwingen? Eine probate Strategie ist das Ausprobieren neuer Rezepte in der eigenen gemütlichen Küche. Der Möglichkeiten gibt es auch im November viele. Dieser Monat steht „im Zeichen des Kohls". Also sorgen die Blätterteigtaschen mit Grünkohl auf Seite 171 oder der Grünkohlauflauf mit Knusperhaube auf Seite 175 nicht nur für einen vollen

November

Magen, sondern garantiert auch für ein aufgehelltes Stimmungsbild. Am Martinstag empfiehlt sich der zünftige Gänsebraten (Seite 174). Weil doch nichts über den Duft einer knusprigen Gans im Ofen geht.

Etwas ganz Besonderes auf dem November-Küchenplan ist die Topinambur-Samtsuppe mit Wildklößchen (Seite 170). Diese Knollen mit dem exotisch klingenden Namen sind in der Küche vielseitig verwendbar, für die Suppe, wie bei obigem Rezept, oder für Salate, Beilagen, Pürees oder Gratins. Das Schälen der Topinamburknolle wäre sehr mühsam, weil Letztere sehr stark gekrümmt ist. Ein Glück, dass die Haut gut verdaulich ist und das Schälen somit entfallen kann. Beim Garen bekommt diese Knolle einen leicht nussigen, süßlichen, zart erdigen Geschmack, der an Schwarzwurzeln, Kohlrabi und Spargel erinnert. Hauptinhaltsstoffe sind Calcium, Eisen, Kalium, Natrium, Spurenelemente und die Vitamine B1, B2, B6, D und C. Tipp: Frischer Topinambursaft schmeckt sehr gut und gilt als in starkem Maße entschlackend.

Fürs Gemüt gibt es als Dessertvorschlag im November das Feine Schokoladen-Tiramisu (Seite 180).

Zutaten
für 4 Personen

- 2 kleine Zwiebeln
- 1 Knoblauchzehe
- 8 Wacholderbeeren
- 8 schwarze Pfefferkörner
- 1 Lorbeerblatt
- ½ TL getrocknete Rosmarinnadeln
- ¼ TL getrockneter Thymian
- 500 g Hirschgulasch
- 10 g getrocknete Steinpilze
- ½ l Rotwein (kräftig)
- 2 Eier
- 25 gehackte Haselnüsse
- 50 g Paniermehl
- Salz (am besten Fleur de Sel)
- Butter

Für die Suppe:
- 250 g Topinambur
- 3 Schalotten, fein gehackt
- 100 g Butter
- 40 ml trockener Sherry
- 500 ml Hühnerbouillon
- 2 EL Sauerrahm
- 125 ml Rahm
- Salz, Pfeffer
- Saft von 1 Zitrone

Außerdem:
- gehackte Küchenkräuter nach Geschmack

Topinambur-Samtsuppe mit Wildklößchen

Für die Wildklößchen Zwiebeln und Knoblauchzehe abziehen und vierteln. Die Gewürze im Mörser grob zerstoßen. Alles zusammen mit Hirschgulasch und Steinpilzen in eine Schüssel geben. Den Wein angießen und das Fleisch ca. 6 Stunden zugedeckt marinieren.

Das Fleisch mit der Marinade in ein Sieb geben, dabei den Wein auffangen. Den Siebinhalt im Mixer pürieren, mit Eiern, Nüssen und Paniermehl vermischen und salzen. Aus der Masse Klößchen von ca. 4 cm Durchmesser formen. In einer Pfanne Butter erhitzen, die Klößchen darin rundherum anbraten und bei kleiner Hitze fertig garen.

Für die Suppe Topinambur schälen, in grobe Stücke schneiden und in Butter rösten. Die Schalotten kurz mitrösten, dann das Ganze mit Sherry ablöschen. Mit der Bouillon aufgießen und weich kochen. Anschließend Rahm und Sauerrahm beigeben. Alles mit dem Mixstab pürieren und durch ein feines Sieb streichen. Vor dem Servieren mit Salz, Pfeffer und Zitronensaft abschmecken und mit dem Mixstab nochmals schaumig aufschlagen.

Die Suppe in vorgewärmte Teller geben und die Klößchen in die Mitte setzen. Mit gehackten Küchenkräutern bestreuen.

! Wer die Konsistenz der Suppe etwas gröber mag, streicht sie vor dem Abschmecken und Servieren nicht mehr extra durch ein Sieb.

Blätterteigtaschen mit Grünkohl

Zutaten
für 4 Personen

- 2 Packungen TK-Blätterteig (einzelne Platten)
- Öl
- 500 g frischer Grünkohl
- Salz
- 1 Zwiebel
- 1 Knoblauchzehe
- 100 g Mortadella am Stück
- 300 g Salsiccia (rohes Bratwurstbrät)
- 2 Eier
- ca. 1 EL Semmelbrösel
- 5 EL frisch geriebener Parmesan
- 2 EL gehackte Petersilie
- Pfeffer
- Muskat, frisch gerieben
- 2 EL Milch

Zunächst ein Backblech fetten und mit Backpapier auslegen. Den Blätterteig nach Packungsanleitung zugedeckt auftauen lassen. Den Backofen bei ca. 200 °C Ober- und Unterhitze (Umluft: ca. 180 °C) vorheizen.

Grünkohl gründlich waschen. Die Grünkohlblätter von den Strünken zupfen und in Salzwasser bissfest garen. In ein Sieb abschütten und etwas abkühlen lassen. Dann die Blätter ausdrücken und fein hacken. Zwiebel und Knoblauchzehe abziehen, klein würfeln und in Öl glasig dünsten. Brät und Grünkohl untermischen und 5 Minuten schmoren. Vom Herd nehmen und etwas abkühlen lassen.

Mortadella sehr klein würfeln und mit einem Ei, Semmelbröseln, Parmesan und Petersilie unter die Brätmasse rühren. Mit Salz, Pfeffer und Muskat würzig abschmecken. Falls nötig, noch Semmelbrösel dazugeben, bis die Masse eine feste Konsistenz hat.

Ein Ei trennen. Das Eiweiß verquirlen und die Ränder der Blätterteigplatten damit bestreichen. Jeweils etwas von dem Brät in die Mitte einer Dreieckshälfte geben. Die Teigplatten zu Dreiecken zusammenfalten und die Teigränder – am besten mit einer Gabel – fest zusammendrücken. Auf das vorbereitete Backblech geben. Eigelb mit Milch verquirlen und die Teigoberfläche damit bestreichen. Die Blätterteigtaschen für ca. 20 Minuten in den Backofen geben.

Avocado-Grapefruit-Salat im Glas

Die Grapefruit mit einem scharfen, spitzen Messer vierteln, schälen und das Fruchtfleisch würfeln. (Nicht vergessen, die weiße Zwischenhaut zu entfernen, sonst wird der Salat bitter.)

Den Joghurt in eine Schüssel füllen. Senf, Minze und Tabasco dazugeben, mit Salz und Pfeffer (etwa 5 Drehungen aus der Mühle) würzen und gut verrühren.

Die Avocados schälen, halbieren, entsteinen, in schmale Streifen scheiden und dann würfeln. Direkt den Zitronensaft darübergießen, damit sie nicht schwarz werden. Die Avocado- und Paprikawürfel in eine separate Schale geben und zur Seite stellen. Die Shrimps mit 4 Teelöffeln Joghurtsauce vermischen.

In jedes Glas jeweils zuerst einen Teelöffel Joghurtsauce geben, dann die Avocado-, Paprika- und Grapefruitwürfel daraufschichten. Die Hälfte der Shrimps auf die 4 Gläser verteilen und dann wieder die Avocado-Paprika-Grapefruit-Mischung einfüllen. Zum Schluss die restlichen Shrimps darauf verteilen und mit einem Teelöffel von der Joghurtsauce abschließen.

Zutaten
für 4 Personen

1 rosa Grapefruit

2 Naturjoghurts

2 TL scharfer Senf

4 EL gehackte frische Minze

8 Spritzer Tabasco

½ TL Fleur de Sel (bzw. handelsübliches Meersalz)

Pfeffer aus der Mühle

2 Avocados

Saft von ½ Zitrone

20 g gewürfelte rote Paprika

200 g geschälte Shrimps

Borschtsch

Zutaten
für 4 Personen

500 g Suppenfleisch vom Rind (am besten mit Knochen)
2 Lorbeerblätter
2 Rote Beten
1 Möhre
1 mittelgroße Zwiebel
2 – 3 EL Sonnenblumenöl
1 EL Essig
5 – 6 mittelgroße Kartoffeln
300 g Weißkohl
1 EL Tomatenmark
3 EL saure Sahne
½ Bd. Petersilie
½ Bd. Dill
Salz, Pfeffer
2 TL Zucker
Saure Sahne für die Garnitur

Das Fleisch waschen, trocken tupfen und grob würfeln. Mit den Lorbeerblättern in 2 l Wasser zum Kochen bringen. 1 Stunde köcheln lassen, dabei den sich bildenden Schaum gründlich abschöpfen.

Die Roten Beten schälen und in feine Streifen schneiden. Die Möhre putzen und grob raspeln. Die Zwiebel abziehen und grob hacken. Diese Zutaten in Öl mit dem Essig in einem Topf ca. 10 – 15 Minuten schmoren, bis die Roten Beten weich sind.

Wenn das Fleisch 1 Stunde gekocht hat, die grob gewürfelten Kartoffeln dazugeben. Den geputzten und gewaschenen Weißkohl in Streifen schneiden und nach weiteren 10 Minuten dazugeben. Alles weitere 10 – 15 Minuten kochen lassen.

Tomatenmark und Saure Sahne erhitzen und unter häufigem Rühren ca. 5 Minuten köcheln lassen, bis die Mischung eine rotgoldene Farbe annimmt. Dann ebenso wie die Rote-Bete-Mischung zum Eintopf geben. Petersilie und Dill fein hacken und hinzufügen. Mit Salz, Pfeffer und Zucker abschmecken und einem Klecks Saurer Sahne garnieren.

● Beim Schälen der Roten Bete empfiehlt es sich, Handschuhe zu tragen. So vermeidet man, dass sich die Haut rot verfärbt.

Gänsebraten

Zutaten
für 6 Personen

- 1 Gans, ca. 4 – 5 kg (am besten eine Hafermastgans)
- Salz, Pfeffer
- 1 Orange
- 1 Apfel
- 1 Zweig Beifuß

Für die Sauce:

- 4 Zimtblüten
- 1 Sternanis
- 3 Pimentkörner
- 3 Wacholderbeeren
- 10 schwarze Pfefferkörner
- 1 TL Waldhonig
- 100 ml Rotwein
- 300 ml Geflügelfond
- 250 g kleine Trauben (grün, ohne Kerne)
- 1 Msp. Speisestärke
- 50 ml Süßwein
- Salz, Pfeffer aus der Mühle

Die Gans innen wie außen gründlich waschen und mit Küchenkrepp trocken tupfen. Die Federkiele entfernen und die Gans von innen salzen und pfeffern. Die Orange und den Apfel schälen, grob würfeln und zusammen mit dem Beifuß in die Gans füllen. Mit Küchengarn zunähen. Die Gans von außen mit Salz und Pfeffer einreiben und auf ein Gitter mit Fettschale setzen. Bei 180 °C im Umluftofen ca. 120 Minuten goldbraun braten. Dabei mehrmals mit dem Bratfett übergießen, damit das Fleisch nicht trocken wird. Nach der Garzeit im ausgeschalteten geöffneten Backofen ca. 10 Minuten ruhen lassen.

Für die Sauce Zimtblüten, Sternanis, Pimentkörner, angedrückte Wacholderbeeren und Pfefferkörner zerdrücken und zusammen mit dem Waldhonig in einem Topf leicht karamellisieren. Den Rotwein dazugeben und etwas einreduzieren lassen. Den Geflügelfond angießen, aufkochen und ca. 60 Minuten bei geringer Hitze ziehen lassen. Anschließend die Sauce durch ein Sieb passieren. Die zuvor gründlich gewaschenen und halbierten Trauben hinzufügen und leicht ziehen lassen. Nach Bedarf die Sauce mit angerührter Speisestärke binden und abschließend mit Salz, Pfeffer, Süßwein oder Honig abschmecken.

! Zur Gans sind Rotkohl oder Sauerkraut zusammen mit Klößen die idealen Beilagen.

Grünkohlauflauf mit Knusperhaube

Den frischen Grünkohl waschen und abtropfen lassen. Die Blätter von den Stielen streifen und grob hacken. Wasser in einem Topf mit einer Prise Salz und Zucker zum Kochen bringen. Den Grünkohl darin ca. 5 Minuten sprudelnd kochen lassen. Dann in einem Sieb kalt abschrecken und abtropfen lassen.

Knoblauchzehen abziehen, halbieren und in dünne Scheibchen schneiden. Die Petersilie abbrausen, trocken schütteln. Die Blättchen abzupfen, fein hacken und zusammen mit dem Knoblauch zum Grünkohl geben. Mit Salz und Paprikagewürz abschmecken und in einer flachen ofenfesten Form verteilen.

Eier mit Sahne verquirlen, salzen und über den Grünkohl geben. Den Backofen auf 200 °C vorheizen. Die Walnusskerne grob reiben, mit dem geriebenen Käse und Pfeffer verrühren und die Mischung auf dem Grünkohl verteilen. Die Butter klein würfeln und darauflegen. Den Grünkohlauflauf im Ofen bei 200 °C ca. 25 Minuten überbacken, bis die Nusskruste schön braun und knusprig ist.

Zutaten
für 4 Personen

800 g frischer Grünkohl
Salz
1 Prise Zucker
2 Knoblauchzehen
½ Bund glatte Petersilie
1 Prise Paprikapulver
2 Eier
250 g Schlagsahne
100 g Walnusskerne
100 g Bergkäse
2 TL schwarzer Pfeffer
1 EL Butter

Saltimbocca vom Hirsch

Zutaten
für 4 Personen

8 Hirschrücken-
medaillons

8 Salbeiblätter

8 Scheiben
Parmaschinken

Salz, Pfeffer
aus der Mühle

20 g Weizenmehl

ca. 3 EL Speiseöl
(z. B. Sonnenblumen-
oder Olivenöl)

Für die Sauce:

125 ml Weißwein

Salz, Pfeffer
aus der Mühle

1 Prise Zucker

1 kleine Menge
gehackter Salbei

Den Backofen auf 80 °C Umluft vorheizen. Die Hirschrückenmedaillons mit Frischhaltefolie bedecken und mit dem Fleischklopfer oder Bratpfannenboden sorgfältig flach klopfen (3 – 4 mm). Das Fleisch waschen und mit Küchenkrepp trocken tupfen. Ebenso die Salbeiblätter abspülen und trocken tupfen. Das Fleisch von beiden Seiten salzen und pfeffern und in Mehl wenden. Die Medaillons mit je 1 Scheibe Parmaschinken und 1 Salbeiblatt belegen und diese mit Holzspießchen (z. B. Zahnstochern) fixieren.

Öl in einer Pfanne erhitzen. Das Fleisch darin mit der belegten Seite zuerst beidseitig ca. 2 Minuten braten. Die Medaillons auf einer vorgewärmten Platte in den Backofen stellen.

Für die Sauce den Bratensatz mit Weißwein loskochen und etwas reduzieren (einkochen lassen). Die Sauce mit Salz, frisch gemahlenem Pfeffer, Zucker und gehacktem Salbei abschmecken. Den ausgetretenen Bratensaft unterrühren. Die Medaillons noch einmal kurz in die Sauce geben und etwas ziehen lassen.

! Dazu passen in Butter gebratene Gnocchi hervorragend.

Wenn man Fleisch flach klopft, sollte man es vorher unbedingt mit Frischhaltefolie bedecken, um die Fleischfasern nicht zu zerstören.

Dampfnudeln

Zutaten

Für den Teig:

500 g Mehl
50 g Zucker,
30 g Hefe
1/4 l Milch
1 Ei
50 g Butter
} Zimmertemperatur

abgeriebene Schale einer ungespritzten Zitrone
1 Prise Salz

Zum Dämpfen:

1/4 l Milch
40 g Butter
50 g Zucker
1 Prise Salz

Für die Füllung:

14 getrocknete Soft-Aprikosen
4 EL Zucker
1 TL gemahlener Zimt
250 g Butter

Die Hälfte der Milch leicht erwärmen. Mehl in eine Schüssel füllen, Zucker darüberstreuen und in die Mitte eine Mulde drücken. Die Milch hineingießen und die Hefe hineinbröseln. Beides mit etwas Mehl vermengen und 15 Minuten gehen lassen. Butter in der restlichen Milch schmelzen. Diese Mischung lauwarm mit Ei, Salz und Zitronenschale zum Teig geben und verkneten. Der Teig soll sich vom Schüsselrand lösen. Ist er zu klebrig, noch etwas Mehl zugeben. Den Teig eine halbe Stunde gehen lassen. Eine Arbeitsplatte bemehlen, darauf aus dem Teig erst eine Rolle formen und in 14 Scheiben schneiden. Die Scheiben zu Klößen formen, in jeden Kloß eine Delle drücken, eine Aprikose hineinsetzen und wieder verschließen. Die Klöße nochmals gehen lassen.

Fertigstellung: Zum Dämpfen Milch, Butter, Zucker und Salz in einem Topf (in dem alle Klöße nebeneinanderpassen) erwärmen. Klöße hineinsetzen und Deckel auflegen. Milchmischung einmal aufkochen lassen. Hitze reduzieren und die Klöße etwa 20 Minuten gar ziehen lassen. Zimt und Zucker mischen, die Butter schmelzen und leicht anbräunen. Die Klöße heiß auf Teller verteilen, mit Zimtzucker bestreuen und mit der braunen Butter begießen.

!
● Statt Zucker, Zimt und brauner Butter schmecken auch Vanillesauce oder Pflaumenkompott. Man kann die Klöße auch mit frischen Früchten (z. B. Pflaumen) füllen oder ohne Füllung servieren.

Schweinekrustenbraten

Es gibt mehrere Wege, einen saftigen leckeren Schweinekrustenbraten zuzubereiten. Hier finden Sie 3 Varianten.

Am besten bittet man beim Einkauf den Metzger seines Vertrauens, die Schwarte des Bratens rautenförmig einzuschneiden. Alternativ kann man selbst ein sehr scharfes Messer zur Hand nehmen (es geht auch mit einem neuen Teppichmesser aus dem Baumarkt, wenn ein teures Küchenmesser nicht vorhanden ist). Damit die Schwarte bis zur Fettschicht einschneiden, aber nicht das Fleisch darunter einritzen. (Dann wird das Fleisch beim Braten zäh). Anschließend Salz und Knoblauch in einen Mörser geben und zu einer Paste zerstoßen oder auf einem Brett mit einem breiten Messer zerdrücken. Diese Paste mit Pfeffer und Öl vermischen und damit den Krustenbraten einreiben. Dabei darauf achten, dass die Schwarte nicht nur von außen eingerieben wird, sondern dass die Paste auch in die Einschnitte gelangt. Im nächsten Schritt das Gemüse (nach Wahl) in einem Bräter mit einem Schuss Öl anschwitzen.

Für Variante 1 den Braten mit der Schwarte nach oben auf das Gemüse setzen. Der Backofen sollte auf maximale Temperatur (Ober- und Unterhitze) vorgeheizt sein. Das Fleisch in den Backofen auf die mittlere Schiene stellen und nach 10 Minuten die Temperatur auf 140 °C reduzieren. Das Fleisch für ca. 3 Stunden im Backofen belassen. Zwischendurch etwas Fond oder auch Wein (nach Geschmack) in kleinen Schüben zugießen. Darauf achtgeben, dass nicht zu viel Flüssigkeit im Bräter steht. Stattdessen lieber öfter kleine Menge zugießen. Das Fleisch soll schließlich knusprig braun und nicht gekocht werden. Der Krustenbraten ist fertig, wenn die Schwarte goldbraun und knusprig ist und das Fleisch mit der Hand abgezogen werden kann. Dann aus dem Ofen nehmen und etwas ruhen lassen, bevor man ihn schneidet. Die Bratensauce anschließend nach Belieben binden.

Für Variante 2 das Fleisch mit der Schwarte nach unten auf das Gemüse legen. Fond oder Wein in kleinen Schüben angießen. Den Backofen auf 200 °C Ober- und Unterhitze vorheizen und den Braten auf die mittlere Schiene geben. Dabei das Fleisch immer wieder mit dem Fond aus dem Bräter begießen. Nach 45 Minuten den Braten wenden und die Temperatur auf 160 °C reduzieren. Den Braten eine weitere Stunde garen. Danach auf ein Gitterrost heben und die Schwarte mit Salzwasser einpinseln. Den Braten auf dem Rost zurück in den Ofen geben und eine Fettpfanne darunterstellen. Die Ofentemperatur auf 200 °C Oberhitze einstellen und die Kruste braun werden lassen. Das dauert ca. 15 Minuten. Dabei darauf achten, dass die Kruste nicht zu dunkel wird. (Dann ist sie in der Regel zu hart und im wahrsten Sinn des Wortes bissfest.) Den Ofen ausschalten. Den Bratenfond durch ein Sieb in einen Topf gießen und die Sauce nach Wunsch abschmecken und andicken.

Für Variante 3 das Gemüse nach dem Anschwitzen aus dem Bräter nehmen. Einen kräftigen Schuss Öl im Bräter erhitzen. Dann das Fleisch auf der Schwartenseite bei mittlerer Temperatur anbraten, bis diese schön gebräunt ist (dauert ca. 10 – 15 Minuten). Den Braten wenden und die andere Seite anbraten. Anschließend das Gemüse wieder dazugeben und etwas Wein angießen.

Als Nächstes die Schwarte erst mit Honig und dann mit Butter bestreichen und im vorgeheizten Backofen bei 150 °C Ober- und Unterhitze (Umluft: 130 °C, Gas: Stufe 1) auf der zweiten Einschubleiste von unten ca. 3 Stunden garen. Dann den Braten warm stellen. Die Sauce durch ein Sieb in einen Topf gießen, pürieren und abschmecken. Wem die Sauce nicht sämig genug ist, der dickt sie jetzt noch etwas an.

Zutaten
für 6 – 8 Personen

2 kg Schweinebraten mit Schwarte

1 TL Salz, Pfeffer (nach Belieben: Kümmel, Kreuzkümmel, Fenchel etc.)

4 Knoblauchzehen

Öl

Gemüse nach Wahl, z. B.: Zwiebeln, Tomaten, Fenchel, Möhren, Staudensellerie, Knollensellerie, Petersilienwurzel

Knoblauch

Kräuter nach Wahl, z. B.: Thymian, Rosmarin, Oregano

Fond und/oder Wein

Speisestärke oder Saucenbinder

Außerdem für Variante 3:

Honig

Flüssige Butter

! ● Als Beilagen zum Schweinekrustenbraten empfehlen sich Knödel (Semmelknödel, Brezenknödel) und Krautsalat, Rotkohl oder Sauerkraut.

Feines Schokoladen-tiramisu

Zutaten
für 6 Personen

150 g Bitterschokolade
80 g flüssige süße Sahne
3 Eier
80 g Zucker
250 g Mascarpone
2 EL Kakaopulver
12 Löffelbiskuits
250 ml kalte Trinkschokolade
40 g Schokoladenperlen

Die Schokolade in der Sahne für 2-mal 30 Sekunden in der Mikrowelle schmelzen. Gut verrühren und erkalten lassen. Die Eier trennen. Die Eigelbe und den Zucker mit dem Schneebesen weiß schaumig schlagen. Dann die Mascarpone und durch ein Sieb das Kakaopulver dazugeben und mit dem Schneebesen 1 Minute in die Eigelbmischung kräftig einrühren. Das Eiweiß zu Eischnee steif schlagen und vorsichtig unter die Eigelb-Mascarpone-Mischung heben. Auf 6 Dessertgläser verteilen.

Die Löffelbiskuits in die Trinkschokolade eintunken und jeweils 2 in jedes Dessertglas geben. Danach erst mit der Schokoladensauce und dann mit der Mascarpone-Creme bedecken. Für 3 Stunden in den Kühlschrank stellen. Vor dem Servieren mit den Schokoladenperlen bestreuen.

Ananas

Zutaten

Für den Rührteig:

2 Eier
100 g Zucker
125 g Butter
100 g Mehl
2 TL Backpulver

Für den Belag:

1 große Dose Ananas
400 g Sahne
1 P. Aranca Aprikose/Maracuja
200 g Schmand
150 g Naturjoghurt
1 Beutel Sofortgelatine
1 P. Tortenguss klar

Für die Dekoration:

Kandierte Kirschen & 200 g Sahne

Aus den Zutaten einen Rührteig herstellen und in eine gefettete Springform geben.

Backzeit: ca. 20 Minuten bei 180 – 200 °C

Füllung: Eine große, runde Glasschüssel mit Folie auslegen, Ananasscheiben darauf verteilen. 200 ml Ananassaft mit Aranca verrühren. Schmand, Joghurt und Sofortgelatine dazugeben und die geschlagene

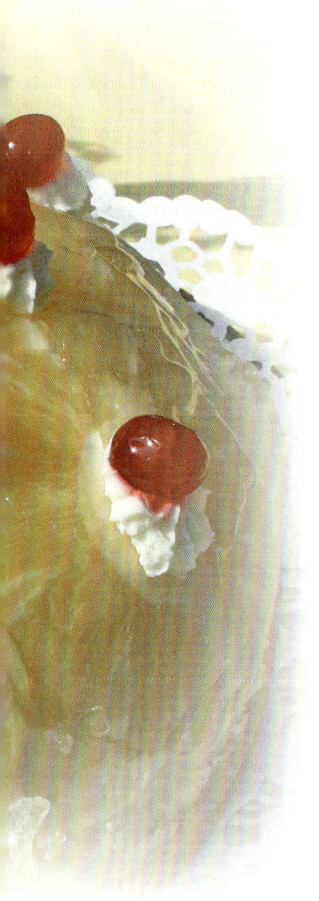

Kuppel-Torte

...Sahne unterheben. Die Masse auf den Ananasscheiben verteilen und glatt streichen. Den abgekühlten Boden auflegen und über Nacht in den Kühlschrank stellen.

Fertigstellung: Torte auf eine Tortenplatte stürzen und mit Tortenguss abdecken. Mit Sahnetuffs und kandierten Kirschen verzieren.

Zutaten

Für den Biskuit:

3 Eier
75 g Zucker
2 P. Vanillezucker
3 EL Obstessig
75 g Mehl
1 P. Backpulver

Für die Dekoration:

¼ l Multivitaminsaft
1 P. Tortenguss weiß

Für den Belag:

2 Dosen Mandarinen
2 Bananen
2 Kiwis
½ l Multivitamin- und Mandarinensaft
2 P. Tortenguss weiß
1 Becher Sahne
2 Becher Schmand
1 P. Sofortgelatine

Obsttorte

Aus den angegebenen Zutaten einen Biskuitteig herstellen.

Backzeit: ca. 15 – 20 Minuten bei 175 °C. Boden auskühlen lassen.

Belag: Mandarinen abtropfen lassen, den Saft auffangen. Obst klein schneiden und auf dem Boden verteilen. ½ l Saft mit dem Tortenguss aufkochen und auf dem Obst verteilen. Sahne steif schlagen, mit dem Schmand und der Sofortgelatine mischen. Die Masse auf dem Obst verteilen.

Fertigstellung: ¼ l Saft mit dem Tortenguss aufkochen und auf der Schmandmasse verteilen.

„Wenn Winde wehen im Advent,
dann wird uns reiche Ernte geschenkt."

Dezember

Bouillabaisse – provencalische Fischsuppe	186
Kartoffelchips aus dem Ofen	188
Pommes duchesse (Herzoginkartoffeln)	188
Edelpilze an Herbstsalaten im Parmesan-Körbchen	189
Kabeljaufilet mit Kartoffelhaube an Rahmchampignonsauce	190
Persische Äpfel	191
Rinderfilet im Salzteigmantel mit Rotweinschalotten	192
Wildente aus dem Römertopf	194
Doppelte Schokoladencookies	195
Mousse au chocolat	195
Bratapfeltorte	196
Mokkatorte	196
Himmelstorte mit Marzipan	197

> Der besondere Küchentipp im Dezember:
>
> *Bouillabaisse*
> *Kabeljaufilet mit Kartoffelhaube*
> *an Rahmchampignonsauce*

Alle Jahre wieder ... ein frohes Fest!

Der Dezember, 12. und letzter Monat im Jahr, wird auch „Christmonat" genannt: Dieser Wintermonat steht ganz im Zeichen der Adventszeit und des Weihnachtsfestes. Zu den beliebten Aktivitäten gehören Weihnachtseinkäufe in geschmückten, illuminierten Innenstädten und Besuche der zahlreichen Advents- und Weihnachtsmärkte, um sich mit heißem, duftendem Glühwein in der kalten Winterzeit wohlig zu wärmen.

Auch die Häuser, Gärten und Wohnungen sind weihnachtlich erleuchtet und erhellen die dunkle Jahreszeit. Der Duft von Zimt und Zitrusfrüchten versetzt in festliche Stimmung und weckt die Vorfreude auf das kommende Weihnachtsfest – die Geburt Christi. Rundherum stimmig ist die winterliche Weihnachtsatmosphäre, wenn es draußen schneit und eine weiße Weihnacht vor der Tür steht.

Festliche Geselligkeit hat im Weihnachtsmonat Dezember Tradition. „Ruhig etwas aufwändiger kochen und backen, üppig auftischen und schlemmen" könnte ein Motto lauten. Schließlich bietet nicht unbedingt die Bikini-Figur etwas Schutz vor Minusgraden, sondern es ist eher der „Winterspeck", der gegen die Kälte ein bisschen „isoliert". So haben leichte, kalorienarme Gerichte oder gar Diättipps im Dezember bei kalter Witterung nicht gerade Hochkonjunktur.

Dezember

Zu Hause in der Küche läuft der Backofen zur Höchstform auf: Herrlich opulente Braten und köstlich duftende Plätzchen stehen auf der Küchenagenda. Eine köstliche Methode, sich das ein oder andere „Pölsterchen" zuzulegen – reinen Gewissens, gegen die Kälte …!

Zum Weihnachtsfest das Beste! Das Rinderfilet im Salzteigmantel mit Rotweinschalotten von Seite 192, begleitet von Pommes duchesse (Seite 188), ist für einen der beiden Festtage bestimmt eine Option. Und die Wildente aus dem Römertopf (Seite 194) grad hinterher für den zweiten Weihnachtstag. Für den weihnachtlichen Nachmittagskaffeetisch empfiehlt sich – nicht nur wegen ihres schönen, passenden Namens – die Himmelstorte mit Marzipan (Seite 197).

Die Auswahl an heimischem frischem Obst ist zu dieser Jahreszeit zwar vergleichsweise bescheiden, aber heimische Lageräpfel sind im Dezember auf den Bauernmärkten in großer Menge zu haben. Sie eignen sich hervorragend für die Verarbeitung zu Kompott. Eine Alternative, die herrlichen Boskopäpfel – eine klassische Winterapfelsorte, der Dezemberapfel schlechthin – zu verarbeiten, ist das Rezept der Bratapfeltorte von Seite 196. Sie ist ruck, zuck fertiggestellt und in jedem Kaffeepäuschen ein Highlight.

Bouillabaisse – provencalische Fischsuppe

Möhren schälen und in ½ cm dicke Scheiben schneiden. Den Fenchel rüsten (putzen, waschen), etwas Grün beiseitelegen, die Knolle vierteln und wie den geputzten, gewaschenen Sellerie in ½ cm breite Streifen schneiden. Die Schalotte abziehen und klein hacken. Die Knoblauchzehe abziehen und halbieren.

Olivenöl erhitzen und alle vorbereiteten Zutaten darin andünsten. Mit Weißwein ablöschen und diesen etwas einkochen lassen. Den Fischfond dazugeben und den Sud mit Safran, Salz und Cayennepfeffer würzen. Die Suppe ca. 30 Minuten köcheln lassen. Inzwischen die Fischfilets nach Gräten abtasten und diese – wenn vorhanden – mit einer Grätenzange entfernen. Die Fischfilets in gleichmäßig große Stücke schneiden. Butter flockenweise in die leicht kochende Suppe rühren. Kurz vor dem Servieren die Fischstücke in die Suppe geben und vor dem Siedepunkt ca. 5 Minuten gar ziehen lassen. Jetzt nicht mehr rühren, sonst zerfällt der Fisch. Fenchelkraut und Kräuter fein hacken und zuletzt beifügen.

Für die Rouille zunächst in einem Mörser Knoblauch, Chili und das grobe Salz zu einer Paste zerreiben. In einer separaten Schüssel Eigelb mit einer Gabel ein wenig verschlagen. Das Olivenöl tröpfchenweise unter ständigem Rühren einfließen lassen und zu einer Mayonnaise montieren. Tomatenmark und Chilipaste unterrühren. Abschmecken und eventuell nachwürzen.

Zum Servieren die Suppe in die Teller geben und jeweils einen Klecks Rouille in die Mitte geben.

Servier-Tipp: In Frankreich, der kulinarischen Heimat der Bouillabaisse, wird diese so zubereitet, dass alle Komponenten einzeln auf den Tisch gestellt werden. Jeder kann sich dann seine Suppe selbst zusammenstellen. In der Originalversion wird die Basissuppe (ohne den Fisch) püriert.

Zutaten
für 4 Personen

- 2 Möhren
- 1 kleiner Fenchel mit Kraut
- 2 – 4 Stangen Sellerie
- 1 Schalotte
- 1 Knoblauchzehe
- 50 ml Olivenöl
- 200 ml Weißwein
- 600 ml Fischfond
- 1 Briefchen Safran
- Salz, Cayennepfeffer
- 600 g festfleischige Fischfilets (3 oder 4 verschiedene Sorten)
- 2 EL weiche Butter
- ½ Bund frische Kräuter (Auswahl nach Belieben)

Für die Rouille:
(scharf gewürzte Pfeffermayonnaise zu Fischsuppen):

- 3 Knoblauchzehen
- ½ – 2 Chilischoten (je nach gewünschtem Schärfegrad)
- 2 Eigelb
- 200 ml natives Olivenöl
- 1 TL Tomatenmark
- grobes Salz

! Je nach Vorliebe kann man auch Muscheln und Schalentiere in die Bouillabaisse geben. Auch die Gemüsesorten können nach Belieben variiert werden.

Kartoffelchips aus dem Ofen

Kartoffeln waschen, schälen und in hauchdünne Scheiben schneiden. Etwas Öl, Salz und Paprikapulver in einer Schüssel verrühren. Die Kartoffelscheiben darin wenden. Dann die Kartoffelscheiben auf ein Backblech legen und im vorgeheizten Backofen bei 200 °C (Umluft) ca. 15 Minuten backen. Zwischendurch wenden.

Zutaten
für 4 Personen

8 große Kartoffeln
Öl
Salz
Paprikapulver

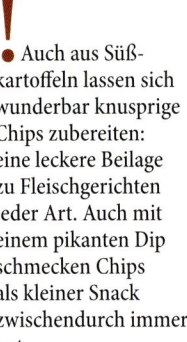 Auch aus Süßkartoffeln lassen sich wunderbar knusprige Chips zubereiten: eine leckere Beilage zu Fleischgerichten jeder Art. Auch mit einem pikanten Dip schmecken Chips als kleiner Snack zwischendurch immer gut.

Pommes duchesse (Herzoginkartoffeln)

Kartoffeln schälen, größere Kartoffeln ein- oder 2-mal durchschneiden. In einen Topf geben, 1 TL Salz darübergeben, mit Wasser knapp bedecken und zum Kochen bringen. Bei geschlossenem Deckel 20–25 Minuten gar kochen. Abgießen, abdämpfen, sofort durch eine Kartoffelpresse drücken und erkalten lassen.

Das Backblech fetten und den Backofen auf ca. 200 °C Ober- und Unterhitze vorheizen.

Die erkaltete Kartoffelmasse mit Ei und Butter verrühren und mit Salz und Muskatnuss würzen. Die Masse in einen Spritzbeutel mit großer Sterntülle füllen und in Form von kleinen Tuffs auf das Backblech spritzen. Eigelb mit Milch verschlagen und die Tuffs damit bestreichen. In den Backofen geben und ca. 12 Minuten backen.

Zutaten
für 4 Personen

750 g Kartoffeln (mehligkochend)
1 Ei (Größe M)
1 Eigelb (Größe M)
20 g weiche Butter
2 EL Milch
Salz
geriebene Muskatnuss

Außerdem:

Fett für das Backblech

! Ohne Kartoffelpresse geht es auch: Mit dem Kartoffelstampfer die Kartoffeln zu einer konsistenten Masse zerdrücken.

Edelpilze an Herbstsalaten im Parmesan-Körbchen

Zutaten
für 4 Personen

Für das Parmesan-Körbchen:
- 500 g Parmesan
- 80 g Mehl
- Öl zum Ausbacken

Für die Pilzfüllung:
- 60 g Zwiebeln
- 40 g Butter
- 80 g Steinpilze
- 100 g Pfifferlinge
- 150 g Champignons
- 100 ml Weißwein oder Brühe
- Salz, Pfeffer, Zucker
- Kerbel, Salbei
- Worcester Sauce

Für die Vinaigrette:
- 20 g Schalotten
- 10 g Mandeln
- 200 ml Sonnenblumenöl
- 80 ml weißer Balsamico
- 40 ml Honig
- 80 g TK-Himbeeren

Für den Herbstsalat:
- 250 g Lollo rosso
- 50 g Radicchio
- 50 g Chicorée
- 150 g Blattspinat

Für das Parmesan-Körbchen den Parmesan grob raspeln, mit Mehl vermischen und im heißen Öl fast transparente, ganz dünne Crêpes ausbacken. Heiß über 4 kleine Förmchen (alternativ Kaffeetasse, Saftglas oder Dessertschälchen) stülpen und auskühlen lassen.

Für die Pilzfüllung Zwiebelwürfel in der Butter anschwitzen. Die geputzten und klein geschnittenen Pilze hinzufügen und kurz anbraten. Mit Wein oder Brühe ablöschen. Dann die Hitze reduzieren und mit Salz, Pfeffer, Zucker, Kerbel, Salbei und Worcester Sauce würzen.

Für die Vinaigrette die Schalotten und Mandeln abziehen und fein hacken. Mit Öl, Balsamico, Honig und Himbeeren pürieren.

Die Herbstsalate und den Spinat waschen, klein zupfen und in den Parmesan-Körbchen anrichten. Mit den gebratenen Pilzen dekorieren und mit der Vinaigrette beträufeln.

Kabeljaufilet mit Kartoffelhaube an Rahmchampignonsauce

Für die Pilzsauce die Pilze abreiben, putzen und blättrig schneiden. Die Zwiebel klein würfeln und in 2 EL Olivenöl anbraten. Die Pilze kurz mitdünsten. Dann Wein und Brühe angießen und köcheln lassen. Nach ca. 5 Minuten die Sahne zugeben und aufkochen. Dann alles pürieren, mit Salz und Pfeffer abschmecken und beiseitestellen.

Das Kabeljaufilet abbrausen, mit Küchenkrepp trocken tupfen und in 8 Portionen teilen. Danach salzen und pfeffern.

Kartoffeln schälen, fein raspeln, in einem Küchentuch gut ausdrücken und mit Salz und Pfeffer würzen. Das Ei, die Petersilie und das Mehl untermengen. Die Kartoffelmasse in 8 Portionen teilen. Jeweils eine Portion abteilen, mit der Hand fest zusammen- und auf eines der Fischstücke drücken.

Das restliche Öl in der Pfanne erhitzen und den Fisch auf der mit Kartoffelmasse bedeckten Seite knusprig anbraten. Nur mit mittlerer Hitze arbeiten, sonst ist die Kartoffelkruste außen dunkel und innen roh. Den Fisch wenden und noch ca. 5 Minuten weitergaren. Der Fisch ist dann gar, wenn er strahlend weiß ist.

Zusammen mit der Rahmchampignonsauce auf Tellern anrichten.

Zutaten
für 4 Personen

- 400 g Kartoffeln (festkochend)
- 600 g Kabeljaufilet
- 200 g Champignons
- 1 mittelgroße Zwiebel
- 150 ml Weißwein
- 300 ml Brühe
- 300 ml Sahne
- 1 Ei
- 5 EL Olivenöl
- Salz, Pfeffer
- 1 EL Mehl
- 1 EL Petersilie

Persische Äpfel

Äpfel gründlich waschen, dann jeweils auf der Stielseite „köpfen", dieser Teil dient später als Deckel (ca. 1 cm). Das Kerngehäuse entfernen (ausstechen) und die Äpfel mit einem Teelöffel so aushöhlen, dass noch ein dicker Rand Fruchtfleisch stehen bleibt.

Erbsen ca. 30 Minuten in Wasser kochen, abgießen und zu einem Mus zerdrücken. Zwiebeln würfeln und in Butterschmalz leicht andünsten. Hackfleisch hinzugeben und leicht anbraten. Nach einiger Zeit Erbsenmus, Salz, Pfeffer und Zimt hinzugeben, alles gut mischen und für weitere 3 Minuten bei mittlerer Hitze braten.

Die Hackfleischmischung in die Äpfel geben und mit dem Apfeldeckel verschließen. Die Äpfel in eine feuerfeste Form geben. Das restliche Hackfleisch um die Äpfel verteilen. Alles für 30 Minuten bei 250 °C in den vorgeheizten Backofen geben.

Währenddessen die Butter erhitzen, Essig, Wasser und Zucker hinzufügen und kurz aufkochen lassen. Den Sud nach einer Backzeit von 15 Minuten über die Äpfel gießen und diese für weitere 15 Minuten garen

Zutaten
für 4 Personen

- 500 g Hackfleisch (Rind)
- 8 größere Bio-Äpfel
- 1½ rote Zwiebeln
- 2 EL geschälte Erbsen
- 3 EL Butterschmalz
- Salz, Pfeffer
- ½ TL Zimt
- 20 g Butter
- ¼ Tasse Apfelessig
- ½ Tasse Wasser
- 1 Prise Zucker

! Zu den Persischen Äpfeln passt entweder ein aromatischer Wildreis oder ein schmackhafter Kerala Reis besonders gut.

Rinderfilet im Salzteigmantel mit Rotweinschalotten

Das Filet mit Salz und Pfeffer würzen, von allen Seiten in heißem Öl anbraten und mit Küchenkrepp trocken tupfen.

Für den Salzteig alle Zutaten mit einem Handmixer kurz zusammenkneten und 15 Minuten ruhen lassen. Danach den Teig zwischen 2 Bögen Backpapier auf eine Stärke von ca. 3 – 4 mm ausrollen. Die Hälfte von den Wacholderbeeren, vom Rosmarin und Thymian auf den Salzteig geben, das Rinderfilet darauflegen und die andere Hälfte der Wacholderbeeren und Kräuter auf dem Fleisch verteilen. Anschließend das Filet im Salzteig einrollen. Die beiden Enden schließen und das Fleisch beiseitestellen. Vor der weiteren Zubereitung erst die anderen benötigten Zutaten vorbereiten und bereitstellen.

Das Fleisch im Salzteig im vorgeheizten Backofen bei 190 °C ca. 20 Minuten garen. Anschließend mit einer Rouladennadel den Garpunkt überprüfen. Dafür in das Fleisch hineinstechen und die Nadel wieder herausziehen. Das untere Ende der Nadel, das im Fleisch gesteckt hat, an die Lippe halten, um die Temperatur zu prüfen. Ist die Nadel dort warm, ist es das Fleisch auch. Der anhaftende Fleischsaft zeigt außerdem den Garungsgrad an. Je weniger „blutig-rot" der Saft, umso durchgegarter das Fleisch. Eventuell nachgaren. Das Fleisch aus dem Ofen nehmen und im Salzmantel 2 – 3 Minuten ruhen lassen.

Für die Rotweinschalotten Zwiebeln, Schalotten und Knoblauch abziehen. Zwiebeln in feine Streifen schneiden. Die Schalotten halbieren und den Knoblauch andrücken. In einem kleinen Topf den Zucker karamellisieren. Die Zwiebelstreifen dazugeben und kurz anbraten. Mit Rotwein und Portwein bzw. Madeira ablöschen. Anschließend Rosmarin und Thymian, Schalotten und Knoblauch dazugeben. Die Sauce auf ca. 100 ml einkochen lassen. Knoblauch und Kräuter wieder herausnehmen. Etwas eisgekühlte Butter einrühren, um die Sauce zu binden.

Zutaten
für 4 Personen

Für den Braten:
1 kg Rinderfilet, ohne Knochen und Sehnen
5 Wacholderbeeren, zerstoßen
Rosmarin, Thymian (oder andere Kräuter nach Belieben)
Öl, Salz, Pfeffer

Für den Salzteig:
500 g Mehl
500 g Salz (vorzugsweise Meersalz)
100 ml Wasser
2 Eier

Für die Rotweinschalotten:
4 Schalotten
2 rote Zwiebeln
1 Knoblauchzehe
1 Zweig Rosmarin
2 Zweige Thymian
2 EL Zucker
200 ml Rotwein
200 ml Portwein oder Madeira
Butter zum Binden

! Zu diesem Braten sind ein Kartoffel-Sellerie-Püree oder ein Kartoffel-Stielmus-Gemüse eine wunderbare Ergänzung.

Wildente aus dem Römertopf

Die Entenbrust waschen, auf der Hautseite rautenförmig einritzen (dabei nicht ins Fleisch schneiden), salzen und pfeffern. In einer Bratpfanne etwas Wasser aufkochen. Die Ente mit der Hautseite nach unten einlegen und das Fett aus der Haut herausbraten, so dass sich diese schön bräunt.

Den Römertopf mindestens 10 Minuten wässern.

Das Gemüse waschen, klein schneiden und mit Ausnahme der Tomaten mit Olivenöl vermischen. In den Römertopf legen. Ingwer und Knoblauchknollen daruntermischen. Dann die Tomatenstücke darauflegen und mit der Hälfte der frisch gehackten Kräuter aromatisieren. Die angebratenen Entenbrüste darauf platzieren. Den Deckel aufsetzen und im Backofen bei 180 °C Umluft 2 Stunden schmoren lassen. Dann die Entenbrüste herausnehmen, in Alufolie einschlagen und wenige Minuten rasten lassen.

Währenddessen die restlichen, frisch gehackten Kräuter unter das Gemüse mischen (Knoblauchknollen herausklauben und beiseitelegen) und auf den Tellern anrichten. Die Entenbrust schräg aufschneiden und auf dem mediterranen Gemüse platzieren.

Zutaten
für 4 Personen

2 Entenbrüste
1 Fenchelknolle
1 Zucchini
1 Aubergine
3 Tomaten
250 g Champignons
Olivenöl
3 Scheiben Ingwer
5 Knoblauchknollen (ganz, mit Schale)
Salz, Pfeffer
2 Zweige Rosmarin (frisch)
5 Zweige Thymian (frisch)
4 Zweige Oregano (frisch)

! Beim Einritzen der Entenbrusthaut auf keinen Fall ins eigentliche Fleisch schneiden. Sonst tritt beim Braten zu viel Fett aus, und das Fleisch wird trocken.

! Damit man am Römertopf lange Freude hat, sollte man ihn sachgemäß behandeln. Er muss vor seinem Einsatz mindestens 10 Minuten gewässert werden, damit sich die Tonporen füllen. Immer in den kalten Backofen stellen, denn große Temperaturschwankungen können den Topf zerspringen lassen. Nicht mit Spülmittel reinigen. Dieses wird von den offenen Poren aufgenommen und eventuell an das nächste Gericht abgegeben.

● Die Cookies können in einer metallenen Plätzchendose eine Woche lang aufbewahrt werden … wenn sie bis dahin nicht schon längst verputzt sind.

Doppelte Schokoladen-Cookies

Die Bitterschokolade im Wasserbad schmelzen. Sobald sie ganz geschmolzen ist, die Butter hinzufügen, glatt rühren und abkühlen lassen. Dann das Ei verquirlen und zusammen mit den übrigen Zutaten hinzufügen. Alles zu einer geschmeidigen, homogenen Masse verrühren und für 15 Minuten in den Kühlschrank stellen.

Anschließend aus dem Teig zwanzig kleine Kugeln formen und mit genügendem Abstand voneinander auf ein mit Backpapier ausgelegtes Backblech setzen (die Cookies gehen beim Backen auf). Die Cookies bei 140 °C im vorgeheizten Backofen 25 Minuten lang backen. Ganz abkühlen lassen, erst dann vom Blech lösen.

Zutaten
für 20 Cookies

100 g Bitterschokolade (70 % Kakaoanteil)

70 g Butter

1 Ei

70 g Schokoladenblättchen

100 g Zucker

120 g Mehl

1 EL Kakaopulver

½ TL Backpulver

½ TL Natron

1 Prise Salz

Mousse au chocolat

Die Eier trennen. Die Schokolade im heißen Wasserbad schmelzen, die Butter hinzufügen und die Eigelbe nacheinander mit dem Schneebesen kräftig unterrühren.

Das Eiweiss mit 1 Prise Salz steif schlagen und vorsichtig unter die Schokoladenmischung heben. Die Mousse in 6 Dessertgläser füllen, in den Kühlschrank stellen und vor dem Servieren mindestens zwei Stunden gut auskühlen lassen.

Zutaten
für 6 Personen

250 g Bitterschokolade

30 g Butter

5 Eier

1 Prise Salz

Bratapfeltorte

Aus den Teigzutaten einen Mürbeteig herstellen und kalt stellen. Anschließend in einer Springform Boden und Rand auslegen und darauf achten, dass beide gut miteinander verbunden sind.

Belag: Die Äpfel schälen und entkernen, nicht zerteilen! Die ganzen Äpfel auf den Teig stellen, 8 rundherum, 3 mittig. Sahne, Zucker, Vanillezucker und Vanillepudding aufkochen und die Masse über die ganzen Äpfel geben.

Backzeit: ca. 75 Minuten bei 200 °C

Zutaten
Für den Mürbeteig:
220 g Mehl
1 TL Backpulver
100 g Zucker
1 P. Vanillezucker
1 Ei
125 g Fett

Für den Belag:
11 Boskopäpfel
750 g Sahne
100 g Zucker
1 P. Vanillezucker
1 P. Vanillepudding

Mokkatorte

Aus den Zutaten einen Biskuitteig herstellen.

Backzeit: ca. 45 Minuten bei 160 °C

Füllung: Kaffeepulver und Kakao in etwas Wasser oder Cognac auflösen. Sahne mit Sahnesteif und Vanillezucker steif schlagen und das Kaffee-Kakao-Gemisch unterrühren.

Fertigstellung: Den Boden 2-mal durchschneiden und die Torte mit der Schokosahne füllen. Torte anschließend mit restlicher Schokosahne überziehen und mit Sahnetuffs und Schokobohnen verzieren.

Zutaten
Für den Biskuit:
5 Eier
175 g Zucker
3 EL Wasser
150 g Mehl
75 g Stärkemehl
2 TL Backpulver

Für die Füllung:
4 TL Kaffeepulver
4 TL Kakao
800 g Sahne
4 P. Sahnesteif
3 P. Vanillezucker
Schokobohnen

Himmelstorte mit Marzipan

Zutaten

Für den Rührteig:

250 g zimmerwarme Butter
250 g Zucker
1 P. Vanillinzucker
6 Eier
150 g Mehl
100 g Speisestärke
1 TL Backpulver
1 Prise Salz
3 EL Rum

Für Füllung und Belag:

200 g Marzipanrohmasse
450 g Aprikosenkonfitüre
4 EL Kirschwasser
250 g Sahne
125 g Mandeln (grob zerkleinert und angeröstet)

Rührteigböden (8): Butter glatt rühren, Zucker und Vanillinzucker zugeben und so lange rühren, bis der Zucker sich aufgelöst hat. Eier nacheinander darunterschlagen. Mehl, Speisestärke, Backpulver und Salz vermischen und löffelweise zur Masse geben, dann den Rum unterziehen. Aus Backpapier 2 Kreise passend zu 2 Springformböden (26 cm Ø) ausschneiden. Das Papier auf der Unterseite etwas mit Butter einpinseln, so dass es an den Springformböden leicht haftet.

Backen: Den Backofen auf 200 °C Ober- und Unterhitze vorheizen und für den ersten Tortenboden 2,5 EL Teig dünn auf den ersten, mit Papier ausgelegten Springformboden streichen. Diesen ersten Boden 7 – 8 Minuten. backen. Währenddessen den 2. Springformboden ebenso bestreichen wie den ersten und backen, wenn der erste fertig ist. Den jeweiligen gebackenen Boden zum Abkühlen vorsichtig vom Blech lösen, aber das Papier für den nächsten darauf belassen. Evtl. zwischendurch die Oberfläche des Papiers auch mit etwas Butter bestreichen. So mit allen 8 Böden verfahren. Bleibt genug Teig für einen 9. Boden übrig, backen Sie diesen genau so. Alle Böden auskühlen lassen (geht schnell, weil sie so dünn sind).

Füllung/Fertigstellung: Marzipan in kleine Stücke brechen und mit Aprikosenkonfitüre und Kirschwasser pürieren. Den untersten Tortenboden auf eine Servierplatte setzen und mit etwa 2 EL der Masse gleichmäßig bestreichen. Den nächsten Boden aufsetzen und weiter so verfahren, bis alle Böden verwendet sind. Den obersten Boden nicht mehr mit der Aprikosenmasse bestreichen. Die Torte in Zellophanpapier einschlagen und für 2 Tage kühl stellen. Erst kurz vor dem Servieren die Sahne sehr steif schlagen. Die Torte rundherum und oben mit der Sahne bedecken und mit Mandeln verzieren.

Rezeptregister nach Rubriken

Suppen

- Auberginen-Cremesuppe mit Mandeln ... 106
- Bohnen-Kresse-Suppe mit Minze 106
- Bouillabaisse 186
- Cremesuppe mit grünen Linsen 154
- Curryzwiebelsuppe mit Lachs 10
- Feine Knoblauchsuppe 42
- Feine Kressecremesuppe 42
- Feine Pilzcremesuppe 58
- Feine Spargelcremesuppe 74
- Gazpacho mit Feta 122
- Großmutters Kartoffelsuppe 10
- Kalte Kartoffeln-Birnen-Suppe 122
- Kohlrabisuppe mit Putenbrust 75
- Kräuterrahmsuppe 75
- Lauch-Kartoffel-Cremesuppe 11
- Minestrone mit Steinbeißer & Gambas 90
- Möhrensuppe mit Thymiansahne 26
- Pfifferlingcremesuppe mit frischen Kräutern 155
- Rote-Bete-Suppe mit Lachsrogen & Dill 138
- Tomaten-Paprika-Gazpacho 107
- Tomatencremesuppe mit Chorizo 91
- Topinambur-Samtsuppe mit Wildklößchen 170
- Weißkohlsuppe mit Speck 138
- Zucchini-Cremesuppe mit Hühnchen & Basilikum 139

Beilagen/Vorspeisen

- Blätterteigtaschen mit Grünkohl 171
- Bratkartoffeln mit Zuckerschoten & Paprika 92
- Champignons mit Ricotta-Füllung 26
- Edelpilze an Herbstsalaten im Parmesan-Körbchen 189
- Gebratene Kürbisspalten 140
- Geschmorte Gurken mit Waldpilzfüllung 93
- Kartoffelbaumkuchen 43
- Kartoffelchips aus dem Ofen 188
- Kürbisrösti 140
- Mangoldkuchen 94
- Pommes duchesse 188
- Spargelquiche 76

Salate

- Amerikanischer Reissalat mit Thunfisch & Mais 141
- Avocado-Grapefruit-Salat im Glas 172
- Blattsalate an warmem Ziegenkäse 59
- Blattsalate mit Entenbrust & Roquefort-Bällchen ... 156
- China-Nudelsalat mit Koriander & Limettensaft 108
- Chinakohlsalat mit Sesam 27
- Feld-Kartoffel-Salat mit Roter Bete 141
- Feldsalat mit Blutorangen & Avocado 27
- Fenchel-Möhren-Salat mit Walnüssen ... 156
- Grüner Eichblattsalat mit Erdbeeren & Hähnchenbrust 77
- Indischer Sommersalat in Curryrahm ... 123
- Kartoffel-Apfel-Salat 95
- Kartoffelsalat mit Remouladensauce 44
- Maccheroni-Salat mit Brokkoli & Eiern 124
- Nudelsalat mit Austernpilzen & Spinat 60
- Radicchiosalat mit Nussdressing 12
- Rotkohlsalat mit Äpfeln 12
- Rucolasalat mit Austernpilzen & Hokkaido 142
- Rucolasalat mit frittiertem Hähnchen 45
- Schwäbischer Kartoffelsalat 13
- Trilogie vom Bohnensalat 108

Hauptgerichte

- Apfelschmorbraten 14
- Arabischer Hackbraten 28
- Baskischer Kartoffel-Fisch-Eintopf 109
- Bolognese „Granarolo"............................. 110
- Borschtsch 173
- Brokkoli-Auflauf... 96
- Bunter Fischauflauf................................... 125
- Châteaubriand 144
- Couscous-Auflauf....................................... 111
- Burgunder Schinkenbraten mit Ananas 15
- Chicorée-Schinken-Auflauf........................ 29
- Entenfrikadellen an Apfelrotkohl............. 157
- Gänsebraten.. 174
- Gefüllte Lammlachse mit Pilz-Walnuss-Kruste........................... 46
- Gefüllte Pilz-Crêpes mit Käsekruste 48
- Gefüllte Weißkohltaschen mit Zitronensauce 126
- Gemüse-Lasagne 128
- Geröstete Rosmarinkartoffeln mit Zitronenhuhn 49
- Geschmortes Wildkaninchen mit Steinpilzen... 158
- Grünkohlauflauf mit Knusperhaube 175

Hackfleisch-Auflauf mit Roter Bete 159	Schweinekrustenbraten 178	**Kuchen/Torten**
Hackfleischnudeln auf dem Wirsingbett 97	Sauerkraut-Eintopf 50	Ananas-Kuppel-Torte 180
Hühnchen in Rotwein (Coq au vin) 112	Spargel-Eintopf 82	Apfelbrot 163
Hühnchen-Nudel-Eintopf 30	Spargelpfanne mit Rinderfilet 83	Apfelsinen-Kokostorte 20
Irish Stew 143	Toskanischer Grünkohleintopf 160	Beeren-Dickmilch-Torte 115
Kabeljaufilet mit Kartoffelhaube an Rahmchampignonsauce 190	Wildente aus dem Römertopf 194	Bratapfeltorte 196
Kalbsbraten mit Marsala 61	Wirsing-Eintopf 82	Mokkatorte 196
Kartoffel-Spinat-Auflauf 80	Zwiebelrostbraten 130	Eiskrokant-Torte 132
Kartoffelgratin mit Kassler 31		Erdbeer-Quark-Torte 85
Kässpätzle-Auflauf 125		Himmelstorte mit Marzipan 197
Klöße mit Grünkohl-Hackfleisch-Füllung. 32	**Desserts**	Kiwitorte 20
Lachs-Spinat-Lasagne 64	Aprikosen-Suppe mit Pfirsichen & Muskateller 99	Möhrentorte 67
Lammrücken im Schinkenmantel 62	Äpfel im Schlafrock 36	Obsttorte 181
Lauchtorte 16	Bayerische Creme „Normandie" 66	Orangencremetorte 52
Linseneintopf „Klassisch" 17	Crème brûlée 51	Ostfriesischer Apfelbiskuit 163
Maispoularde mit Spargelgemüse & Morchelrisotto 78	Creme-Duo von Erdbeeren & Rhabarber 84	Pfirsich-Eistee-Torte 100
Mangold-Eintopf 146	Dampfnudeln 177	Pflaumentorte 149
Mangold-Lachs-Auflauf 147	Doppelte Schokoladencookies 195	Sommertorte mit Melonen 116
Paprika-Zucchini-Auflauf 96	Feines Schokoladen-Tiramisu 180	Zitronen-Himbeer-Sahnetorte 68
Persische Äpfel 191	Französische Zitronentarte 37	
Putenbrust an Paprikasauce mit Ingwer & Vanille 127	Geeistes Ananassoufflé 162	**Marmeladen/Konfitüre**
Rinderbraten „Boeuf à la mode" 65	Heidelbeermousse mit Brioche 131	Ananas-Grapefruit-Konfitüre 21
Rindercurry mit Erdäpfeln 18	Kleine Schokoküchlein mit flüssigem Kern 148	Aprikosenmarmelade 133
Rinderfilet im Salzteigmantel mit Rotweinschalotten 192	Köstliches Kakaosorbet 114	Bratapfelkonfitüre 164
Rindfleisch mit verschiedenen Saucen 34	Luftig-leichte Apfelmousse 51	Campari-Orangen-Gelee 53
Rumänische Kohlrabi in Dillsauce 81	Mousse au chocolat 195	Erdbeer-Limetten-Konfitüre 101
Saltimbocca vom Hirsch 176	Schokoladen-Birnen-Crumble 148	Erdbeer-Vanille-Konfitüre 101
Sauenfilet im Zucchinimantel 98	Schokoladen-Panna-Cotta mit Himbeeren 114	Holunderbeerengelee 149
	Zitronencreme „Chiboust" 19	Kiwikonfitüre 69
		Kirschkonfitüre mit Sekt 133
		Kürbis-Orangen-Marmelade 165
		Pink-Grapefruit-Marmelade 53
		Rhabarberkonfitüre 69

Wir lieben das Landleben.

Die große Fotofibel Stricken
Umfassendes Nachschlagewerk für Anfänger und Experten mit vielen nützlichen Tipps und Ideen
€ 17,95 - ISBN 978-3-7843-5193-3

Die große Fotofibel Häkeln
Umfassendes Nachschlagewerk für Anfänger und Experten mit vielen nützlichen Tipps und Ideen
€ 17,95 - ISBN 978-3-7843-5192-6

Stilvoll stricken
Raffinierte Strickmuster inspiriert vom Rhythmus der Natur
€ 17,95 - ISBN 978-3-7843-5078-3

Stricken für Zeitvergesser
Raffinierte Muster inspiriert von der Schönheit des Alltäglichen
€ 17,95 - ISBN 978-3-7843-5137-7

Freche Masche
Raffinierte Strickmuster inspiriert von jungem Gemüse
€ 17,95 - ISBN 978-3-7843-5100-1

Strickreise ans Meer
Raffinierte Strickmuster inspiriert von der Schönheit des Insellebens
€ 17,95 - ISBN 978-3-7843-5202-2

Schals von Welt
23 Strickmodelle inspiriert von der Vielfalt der Kulturen
€ 17,95 - ISBN 978-3-7843-5194-0

Socken von Welt
25 Strickmodelle inspiriert von der Vielfalt der Kulturen
€ 17,95 - ISBN 978-3-7843-5163-6

Stricken im großen Stil
Strickdesigns in Größe 44–54
€ 17,95 - ISBN 978-3-7843-5265-7

Schnick Schnack stricken
20 originelle Strickprojekte für ein gemütliches Zuhause
€ 17,95 - ISBN 978-3-7843-5242-8

Retro Stricken
17 Muster inspiriert von Modeklassikern des 20. Jahrhunderts
€ 17,95 - ISBN 978-3-7843-5236-7

Stricken à la carte, Bd. 1
Überarbeitete Neuauflagee
€ 19,95 - ISBN 978-3-7843-5154-4

Kunterbuntes Wachstuch
Genial einfache Projekte zum Nähen, Schneidern, Dekorieren
€ 17,95 - ISBN 978-3-7843-5214-5

Himmlische Strickideen
Bordüren, Blattranken und Brokatmuster neu entdeckt
€ 19,95 - ISBN 978-3-7843-5213-8

LandLust - Handarbeiten
Stricken und Häkeln für die Jahreszeiten
€ 14,80 - ISBN 978-3-7843-5053-0

Tolle Handarbeitsbücher

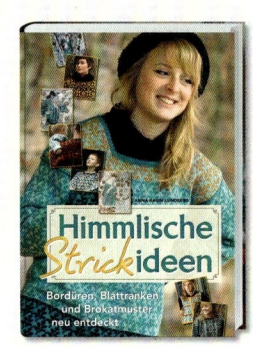
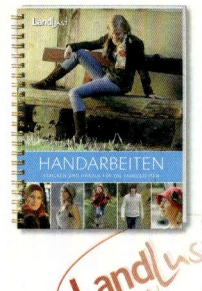

Erhältlich in jeder Buchhandlung oder direkt unter Tel.: 02501/80 13000

www.buchweltshop.de

LV-Buch im Landwirtschaftsverlag GmbH · 48084 Münster